# La Era Helenística

*Una Guía Fascinante de una Era de la Historia Mediterránea Que Tuvo Lugar Entre la Muerte de Alejandro Magno y el Surgimiento del Imperio Romano*

© Copyright 2020

Todos los Derechos Reservados. Ninguna parte de este libro puede reproducirse de ninguna forma sin el permiso por escrito del autor. Los comentaristas literarios pueden citar breves pasajes en sus revisiones.

Descargo de responsabilidad: Ninguna parte de esta publicación puede reproducirse o transmitirse de ninguna forma o por ningún medio, mecánico o electrónico, incluido el fotocopiado o grabación, o por cualquier sistema de almacenamiento y recuperación de información, o transmitida por correo electrónico sin el permiso por escrito del editor.

Si bien se han hecho todos los intentos para verificar la información provista en esta publicación, ni el autor ni el editor asumen ninguna responsabilidad por errores, omisiones o interpretaciones contrarias al tema en este documento.

Este libro es solo para fines de entretenimiento. Las opiniones expresadas son solo del autor, y no deben tomarse como instrucciones u órdenes de expertos. El lector es responsable de sus propias acciones.

El cumplimiento de todas las leyes y regulaciones aplicables, incluidas las leyes internacionales, federales, estatales y locales que rigen las licencias profesionales, las prácticas comerciales, la publicidad y todos los demás aspectos de hacer negocios en los EE. UU., Canadá, el Reino Unido o cualquier otra jurisdicción es responsabilidad exclusiva del comprador o lector.

Ni el autor ni el editor asumen responsabilidad alguna sobre estos materiales por parte del comprador o lector. Cualquier desaire percibido hacia cualquier individuo u organización es completamente involuntario.

# Tabla de Contenidos

INTRODUCCIÓN ..................................................................................1
CAPÍTULO 1 - EL COMIENZO DE UNA NUEVA ERA ............................4
CAPÍTULO 2 - CASANDRO, ASCENSO DE UN NUEVO REY..............13
CAPÍTULO 3 - ANTÍGONO ..................................................................24
CAPÍTULO 4 - EL IMPERIO SELÉUCIDA ..........................................32
CAPÍTULO 5 - CASANDRO DE MACEDONIA....................................36
CAPÍTULO 6 - DESPUÉS DE LA BATALLA..........................................43
CAPÍTULO 7 - EL FIN DE UNA ERA....................................................49
CAPÍTULO 8 - UN NUEVO COMIENZO ..............................................54
CAPÍTULO 9 - EUROPA DESPUÉS DE LA GUERRA DE CREMÓNIDES ..............................................................................................................60
CAPÍTULO 10 - EGIPTO Y LA DINASTÍA PTOLOMEICA....................65
CAPÍTULO 11 - CAMBIO EN EGIPTO................................................70
CAPÍTULO 12 - ASIA ..........................................................................73
CAPÍTULO 13 - LA PRIMERA GUERRA MACEDÓNICA....................77
CAPÍTULO 14 - EL ASCENSO DE ROMA............................................80
CAPÍTULO 15 - ANTÍOCO III Y ROMA ..............................................86
CAPÍTULO 16 - ROMA Y LA EUROPA HELENÍSTICA........................91
CAPÍTULO 17 - ROMA EN EGIPTO Y ASIA ......................................94
CAPÍTULO 18 - LA ANATOLIA HELENÍSTICA DERROTADA ..........99
CAPÍTULO 19 - ROMA EN EGIPTO..................................................103
CAPÍTULO 20 - EL CAMINO DE ROMA AL PODER ........................111
CONCLUSIÓN - EL FIN DE UNA ERA..............................................119
REFERENCIAS ..................................................................................121

# Introducción

En un lapso de apenas trece años (336 a. C. a 323 a. C.), Alejandro Magno había conducido una campaña de construcción del Imperio que dio que hablar en muchas civilizaciones de la época. La cultura y la influencia griega se extendieron desde Grecia hasta la India, lo que condujo a una nueva era, conocida como la era helenística. La palabra "helenística" deriva de la antigua palabra hellas, que es el nombre original de Grecia. El término se refiere a hablar el idioma o la identificación con la cultura y los ideales griegos.

El período helenístico se inicia con la muerte de Alejandro en el 323 a. C. y termina en el 31 a. C. con la derrota romana de las tierras del último reino helenístico. El Imperio de Alejandrino era frágil. No pudo ser solidificado lo suficiente en los trece años de su existencia, y con la muerte de su líder, pronto se dividiría. Los Diádocos (sucesores) de Alejandro eventualmente dividirían los territorios del antiguo imperio en tres reinos diferentes: Macedonia, el Imperio seléucida, y el reino ptolomeico. Estos territorios ya no serían parte de un imperio; sin embargo, todavía mantendrían una serie de características comunes griegas.

Los tres estados helenísticos representan el centro de la era helenística. A diferencia de las ciudades-estado griegas, no estaban gobernadas por el pueblo. En lugar de emplear un sistema democrático, se convirtieron en monarquías absolutas. Los nuevos gobernantes cambiaron el enfoque de los reinos y trajeron enormes cambios sociales, políticos y económicos. El principal interés era desarrollar relaciones comerciales altamente exitosas en todo el viejo mundo alejandrino. Se importaron especias, oro y marfil de la India, lino y papiro de Alejandría, aceite de Atenas, plata de España y estaño de Bretaña. El exitoso comercio condujo a la creación de imponentes palacios y elaboradas esculturas, así como las famosas bibliotecas de Pérgamo y Alejandría.

Con la era helenística comenzó una nueva era dorada del comercio y la ciencia. Mientras que los reinos eran gobernados por separado, el pueblo estaba unido por una lengua común, conocida como Koiné. Esta forma de griego permitió que la cultura y el pueblo permanecieran unidos mientras viajaban libremente entre los nuevos territorios. Sin embargo, un gran número de ciudadanos no se sentían cómodos con su nueva forma de vida. Muchos de ellos estaban acostumbrados a participar en el proceso de toma de decisiones de las antiguas ciudades-estado y contribuir al bienestar del pueblo. Ahora, de repente se sentían hundidos en medio de un reino sin rostro gobernado por una figura autoritaria y un nuevo sistema burocrático.

La alienación de la gente del gobierno y la sociedad misma puede verse como resultado de la transformación helenística. También se puede ver dentro del arte de la época. Los eruditos, artistas y filósofos comenzaron a rechazar los ideales colectivos y, en cambio, se centraron en el culto al individuo. Las esculturas ya no eran de dioses e ideales, sino de individuos, y los filósofos cultivaron las ideas de felicidad y placer individuales. Los cultos religiosos, como el culto a Isis, se formaron en torno a los mismos conceptos, afirmando ofrecer el secreto de la inmortalidad y la prosperidad a quienes lo buscaban por sí mismos.

La era helenística trajo un gran cambio al antiguo mundo. Sin embargo, estaba destinada a terminar en el 31 a. C. con la batalla de Accio. Las fuerzas romanas de Octavio derrotaron a la flota ptolomeica de Marco Antonio y Cleopatra, asegurando así el surgimiento del Imperio romano.

Si bien la era helenística duraría solo un breve período en la rica historia de la humanidad, su influencia en la cultura, la ciencia y la filosofía desde entonces ha resonado en el mundo.

# Capítulo 1 -El Comienzo de una Nueva Era

Cronología:

1. 323, junio: Muerte de Alejandro Magno; comienza guerra Lamia
2. 322: Batalla de Cranón y final de la guerra Lamia
3. 320: Muerte de Pérdicas; Antípatro le sucede como regente

Alejandro Magno murió inesperadamente en el 323 a. C. en Babilonia. La causa de su muerte aún se desconoce; sin embargo, se ha especulado que fuera por la malaria, la fiebre tifoidea o veneno. Los historiadores solo están de acuerdo en el hecho de que murió de una fiebre que duraría diez días.

Sus generales, así como todo el imperio, no estaban preparados para este suceso. De los hombres más influyentes de su círculo íntimo, solo dos estuvieron presentes ese día. Ptolomeo I Soter y Seleuco I Nicátor debatían el destino de los territorios en ausencia del tercer futuro fundador de la dinastía, Antígono I Monóftalmos. Ptolomeo fue elegido para gobernar Egipto, mientras que Seleuco fue nombrado comandante de caballería dentro del gobierno central. En ese momento, Antígono todavía estaba en Frigia donde Alejandro lo había nombrado gobernador. En su ausencia, los dos oficiales confirmaron su nombramiento para evitar posibles tensiones y conflictos, ya que no había una razón real para reemplazarlo.

En este momento, el mayor problema era establecer el sucesor de Alejandro. La reunión en Babilonia se enfrentó a un nuevo debate. Alejandro tenía un hijo llamado Heracles; sin embargo, todavía era demasiado joven, y el rey nunca lo había reconocido. Al mismo tiempo, Roxana, su primera esposa, estaba embarazada. Además, Felipe III Arrideo, el otro hijo de Felipe II, el padre de Alejandro y el ex rey de Macedonia, todavía estaba vivo y presente en Babilonia; sin embargo, sufría de alguna forma de discapacidad mental. Entonces, el tribunal llegó a un punto muerto. Cada opción que planteaban tenía varios problemas. Al final, los oficiales estaban bajo una fuerte presión militar de amotinados leales y declararon al medio hermano de Alejandro, Arrideo, como el heredero legítimo. También llegaron a un acuerdo para nombrar al hijo de Roxana como sucesor, en caso de que diera a luz a un hijo varón.

Unos meses después de la muerte de Alejandro, nació un nuevo heredero y fue nombrado rey. Tanto el hermano deficiente mental como el niño pequeño, llamado Alejandro IV, no estaban en condiciones de gobernar; por lo tanto, el verdadero líder sería el regente, Pérdicas. Al mismo tiempo, Antípatro, otro de los generales de Alejandro, fue reelegido en Macedonia. Sin embargo, se vio obligado a gobernar junto con Crátero, quien, según las órdenes de Alejandro, se suponía que era su sucesor. Los otros generales y oficiales influyentes también recibieron nuevos títulos y posiciones para adaptarse a su posición. Por el momento, la estructura de comando en el imperio no cambió fundamentalmente. Los oficiales se comprometieron con sus decisiones en Babilonia a mantener el control y satisfacer al ejército para evitar motines y el caos.

El primer problema importante que enfrentaría Pérdicas estaba relacionado con el entierro de Alejandro. Todos sabían que su deseo era ser enterrado en el oasis de Amón Ra (ubicado en Siwa, Egipto) debido a una experiencia espiritual que tuvo cuando ingresara al templo de Amón Ra. El problema con su solicitud sobre su muerte era que el prestigio dado por la tumba iría a Ptolomeo en lugar de convertirse en un símbolo para el pueblo macedonio. La línea real de los reyes Argéada, la línea de la familia de Alejandro Magno estaba enterrada en Macedonia (en la ciudad de Egas o Aigai, hoy la moderna Vergina), donde Antípatro ahora mantenía su gobierno. En cualquier caso, Pérdicas perdería el apoyo y el prestigio de uno de sus competidores, ya fuera Egipto o Macedonia.

Si bien el entierro real pudo posponerse por un tiempo, el regente enfrentó otro problema importante: mantener la unidad en el gobierno imperial. ¿De dónde se suponía que debía gobernar el poder central? Pérdicas fue nombrado para su nueva función; sin embargo, no recibió ningún territorio. El regente podía haber estado a cargo del imperio, pero Pérdicas sabía que la ubicación geográfica de la nueva sede del poder también influiría en el gobernador. Al final, sabía que no tenía otra opción, ya que Macedonia era la tierra tradicional de los reyes. Simplemente no podía evitar enfrentarse a Antípatro. Aunque poseer el cadáver de Alejandro Magno y el título de regente eran dos ventajas poderosas, también eran cargas terribles. Pérdicas enfrentaba la posibilidad de perder su papel dentro del imperio.

Entonces, Pérdicas decidió formar una alianza con Antípatro tomando la mano de su hija en matrimonio. El compromiso le permitiría enfrentar a Ptolomeo desde una posición de poder consolidado. No obstante, Antípatro estaba ocupado con sus propios problemas en Macedonia. La muerte de Alejandro envalentonó a la Liga Etolia (una confederación de ciudades y tribus ubicadas en Etolia, Grecia central) y Atenas para rebelarse contra el dominio macedonio. Entre los años 323 y 322 a. C., esta nueva alianza reunió un ejército para desafiar la hegemonía macedonia, sitiando a Lamia, la sede del poder de Antípatro, en 322. El asedio de Lamia le daría su nombre a la guerra, la guerra de Lamia, aunque también es conocida como la guerra helénica.

Antípatro necesitaba aliados para romper el asedio, por lo que pidió la ayuda de los otros macedonios. Crátero, su ayudante, ya estaba en camino de Babilonia con un nuevo ejército, y Leonato de Frigia también respondió a su llamado. Al mismo tiempo, Atenas intentó usar sus buenas relaciones con Pérdicas para debilitar la base de poder de Antípatro. Sin embargo, Atenas no obtuvo nada del intento, ya que el plan fue descubierto más tarde, y Démades, el líder de las negociaciones griegas fue asesinado.

Durante la primavera de 322, Leonato llegó cerca de Lamia, pero murió durante la primera batalla contra los griegos. El asedio se levantó, y cuando Crátero llegó al campo de batalla, las fuerzas macedonias combinadas lograron derrotar a los atacantes. La guerra helénica terminó con la batalla de Cranón en agosto del 322 a. C. El resultado de esta guerra condujo a cambios significativos dentro del panorama social y político de las ciudades y comunidades griegas. El gobierno macedonio se involucró más en el funcionamiento interno de los gobiernos locales, ya que Antípatro insistió en negociaciones y tratados separados. Todos los participantes griegos se vieron obligados a aceptar los términos, excepto la Liga Etolia, que logró defenderse de las fuerzas macedonias gracias a su terreno montañoso.

Atenas había perdido su poderosa flota frente a las fuerzas macedonias en la batalla de Amorgos en la guerra helénica. Como resultado, las fuerzas macedonias establecieron una presencia militar permanente en la ciudad. Atenas estaba bajo la estrecha supervisión de Antípatro, por lo que la influencia de Macedonia se hizo más poderosa en la antigua ciudad-estado, especialmente debido a los cambios realizados en su constitución. Antípatro revocó el estatus de ciudadanía de los griegos que poseían menos de 2.000 dracmas en riqueza. Más de 10.000 ciudadanos perdieron su estatus y ya no pudieron participar en el proceso gubernamental de su propia comunidad. La democracia ateniense finalmente había terminado, después de sobrevivir a siglos de reformas e invasores espartanos.

Vale la pena señalar que al final de este conflicto, tres de las personalidades atenienses más valoradas se habían perdido. El gran general que unió y administró la alianza de las ciudades griegas y las comunidades tribales, Leonato, cayó en batalla. Hipérides, un orador que ayudó a encender la guerra dentro de la asamblea griega fue ejecutado por los macedonios. Finalmente, Demóstenes, el gran orador responsable de la primera resistencia ateniense contra Felipe II, fue cazado por orden de Antípatro y se suicidó cuando fue acorralado por las fuerzas macedonias.

La estrategia de Antípatro al tratar con Atenas creó una tensión significativa en la relación entre Macedonia y el resto de las ciudades-estado griegas. Por ahora, su objetivo principal, era mantener la hegemonía macedonia dentro del Imperio alejandrino, y no veía otra alternativa que cambiar la forma de gobierno ateniense. La guerra helénica le había demostrado que los griegos rechazaban el dominio macedonio; por lo tanto, Antípatro tuvo que implementar ciertas medidas para restablecer su supremacía. Las medidas que tomó sirvieron para hacer que el gobierno macedonio fuera aún más despreciado dentro de las regiones griegas.

Una vez que se restableciera la supremacía macedonia, Antípatro regresó a Macedonia para consolidar aún más su posición dentro de su asiento del poder. Se casó con la hija de su adjunto, y también le ofreció su hija a Pérdicas. Estas alianzas personales son una muestra de la importancia de las relaciones familiares dentro de la vida política y social de Macedonia, ya que las relaciones personales todavía tenían prioridad sobre las decisiones gubernamentales.

Cuando Pérdicas estaba a punto de tomar Nicea, la hija de Antípatro, como su novia, llegó la hermana de Alejandro Magno, Cleopatra, para ofrecerse como una alternativa. Ella y su familia no eran amigos de Antípatro; sin embargo, Pérdicas no pudo cambiar su decisión. Rechazar la alianza con Antípatro en este punto conduciría a un conflicto entre él y Macedonia. El regente aún necesitaba establecer la sede imperial del poder, y no podía permitirse el lujo de transformar en enemigo a uno de los gobernadores más poderosos.

Al mismo tiempo en Egipto, Ptolomeo solidificaba su base de poder. Eliminaría con éxito al diputado designado de Babilonia y extendería su influencia más allá del territorio que le habían dado. Anexó Cirene sin consultar al regente y estableció relaciones amistosas con los reyes de Chipre. Estos sucesos combinados fueron suficientes para convencer a Pérdicas en 321 de que no enviaran el cuerpo de Alejandro a Egipto para su entierro. Sin embargo, el regente no tomó a Ptolomeo como una seria amenaza.

Ptolomeo mantenía una estrecha relación con Arrideo, uno de los generales de Alejandro Magno que estaba a cargo de la procesión fúnebre de Alejandro. Tan pronto como el cadáver embalsamado del rey llegó a Siria, los soldados ptolomeicos se hicieron cargo del transporte y llevaron el cuerpo a Egipto. Alejandro debía ser enterrado en Menfis, donde había gobernado sobre sus territorios. Sin embargo, para lograr este golpe contra el regente, Ptolomeo tenía que "limpiar" sus propias fuerzas militares de las tropas leales de Pérdicas. Estaban ubicadas allí para evitar que ocurriera dicho evento, y el acto de Ptolomeo sería un claro desafío frente al regente imperial. Pérdicas no tuvo más remedio que tomar medidas militares para preservar su autoridad y la lealtad del pueblo.

Si bien la autoridad de Pérdicas estaba en peligro por las acciones de Ptolomeo en Siria, otros acontecimientos se dieron al mismo tiempo que erosionaron igualmente su influencia. Uno de ellos ocurrió dentro de la corte real donde Arrideo, el medio hermano de Alejandro se iba a casar. Su prometida, Eurídice, no tenía la aprobación del regente. La situación era tan grave que Pérdicas ordenó el asesinato de quien planeó la alianza, su madre, Cinane. Esta acción provocaría una serie de consecuencias dentro de la corte, ya que este asunto no era una simple tragedia familiar. Cinane era la media hermana de Alejandro, lo que significa que Eurídice era la nieta de Filipo II. Cuando el regente ordenó la muerte de la madre de la novia, encendió una serie de revueltas militares, forzando la mano del regente. Pérdicas no tuvo más remedio que aceptar el matrimonio y todo lo que venía con él.

Pérdicas también estaba amenazado por otro suceso; sin embargo, en ese momento no estaba alarmado. Antígono, que anteriormente había sido designado para gobernar Frigia, se negó a ayudar cuando Pérdicas se involucró en Capadocia en 322. Cuando el regente lo llamó a la corte para que explicara sus acciones, Antígono se negó y se unió a Antípatro en su campaña contra lo que quedaba de la Liga Etolia. Cuando Antígono alcanzó a Antípatro, afirmó tener noticias sobre Pérdicas y sus planes. Le dijo al líder macedonio que el regente había cambiado de opinión y que se casaría con Cleopatra. Antípatro no respondió bien a las noticias. Ya tenía sus sospechas sobre Pérdicas, por lo que no cuestionó a Antígono. Todo lo que sabía era que el regente estaba en posesión del cuerpo de Alejandro y que lo estaba escoltando con el viejo ejército imperial. Asegurar su poder por medio del matrimonio con la hermana de Alejandro parecía factible. Este suceso es el que provocaría la cooperación entre Ptolomeo y Antípatro.

Una vez terminada la guerra helénica, la nueva alianza planeó una expedición a Asia Menor, que duraría de 321 a 320. Durante este corto período, ocurrieron varios acontecimientos que iban a influir en la estructura futura dentro del gobierno de Macedonia. El primer evento fue la batalla de Helesponto entre el diputado de Antípatro, Crátero, y Eumenes, el gobernador de Capadocia y Paflagonia, que fuera leal a Pérdicas, en 321, lo que resultó en la muerte de Crátero. Este acontecimiento eliminó el problema personal de Antípatro de encontrar una posición adecuada para Crátero fuera de sus territorios, ya que ahora podía tener el dominio completo sobre Macedonia.

Durante el mismo año, Pérdicas avanzó con sus tropas sobre Egipto para castigar a Ptolomeo por sus acciones. Sin embargo, su invasión, no salió según lo planeado. De hecho, fue un desastre, que comenzó con la muerte de 2.000 hombres que se ahogaron en el Nilo durante el cruce. Con los repetidos golpes a su autoridad y la pérdida de la moral de la tropa, los oficiales lideraron un motín exitoso y mataron a Pérdicas, en algún momento entre 321 o 320. Cuando las tropas se acercaban a Menfis, los oficiales invitaron a Ptolomeo a su campamento. Vino con comida y suministros, lo que hizo que los soldados desmoralizados lo vitorearan. Pronto, los informes sobre la muerte de Crátero llegaron a las tropas. Eumenes, uno de los seguidores más leales de Pérdicas, había quedado a cargo de las tropas en Asia Menor; había sido el responsable de la muerte de Crátero en batalla. Las tropas restantes condenaron sus acciones y lo sentenciaron a ser ejecutado. Sin embargo, Ptolomeo evitó cualquier tipo de responsabilidad por cualquiera de estas acciones, y escoltó a los ejércitos del regente muerto de regreso a Siria. Las tropas derrotadas se reunieron en Triparadiso, donde unieron fuerzas con Antípatro. Allí se decidió que Antípatro debería tomar el manto del regente imperial, siguiendo el trágico final de Pérdicas.

La nueva función de Antípatro le permitió establecer el centro del dominio macedonio de regreso a Macedonia. A diferencia de Pérdicas, no tenía interés en Asia Menor. En ese momento ya había llegado a una edad avanzada y deseaba centrarse únicamente en los territorios macedonios. Otra decisión importante tomada en Triparadiso fue mantener el control de Ptolomeo sobre Egipto. Había demostrado ser más que capaz de defenderlo, y Antípatro le ofreció a una de sus hijas como su nueva prometida.

Aunque Pérdicas estaba muerto, su fiel seguidor, Eumenes, seguía siendo una amenaza para el nuevo orden. Gobernaba desde Capadocia, que era el corazón de una red comercial vital que se extendía por Anatolia. sin embargo, Antípatro, quería eliminar esta nueva resistencia. Antígono, por otro lado, se ofreció como una solución al problema de Pérdicas. Gobernaba los territorios que limitaban con Capadocia, por lo que se le encargó manejar la amenaza debido a su conocimiento de la tierra. Antípatro recompensó a Antígono con el título de General de Asia y forjó la alianza con sangre familiar, como exigía la tradición. Ofreció a su hija, Fila, la difunta esposa de Crátero, al hijo de Antígono, Demetrio. Cuatro décadas después, este compromiso llevaría al nombramiento de un nuevo rey de Macedonia.

La discusión final en Triparadiso fue sobre la recompensa que se les daría a los oficiales que encabezaron la rebelión contra Pérdicas. Hubo dos líderes clave que jugaron un papel vital en la muerte del exregente. Uno fue Seleuco, el hombre al mando de la caballería imperial, y Antígenos, que comandaba a los guardias. Seleuco fue nombrado sátrapa (gobernador) de Babilonia y Antígenes sátrapa de Susiana. Ambos cargos fueron planeados por Antípatro, ya que quería que los hombres estuvieran lo más lejos posible de él para evitar futuros conflictos de intereses.

## Capítulo 2 - Casandro, Ascenso de un Nuevo Rey

Cronología:

1. 319: Muerte de Antípatro; Poliperconte se transforma en regente

2. 317: Olimpia vuelve a Pella en Macedonia; muerte de Arrideo y Eurídice

3. 316: Casandro regresa a Macedonia; muerte de Olimpia

Después de éxito de las negociaciones de Antípatro en Triparadiso en 321, que regresaba victorioso a su asiento en Macedonia, trayendo consigo a la corte real. Un sistema de gobierno tradicional se había restablecido en Macedonia, que se convirtió una vez más en el centro de la dinastía Argéada. Los otros territorios reconocieron el poder central y acordaron depender de las tropas macedonias y las decisiones gubernamentales. Los puestos de gobierno locales solo podían ser nombrados por las autoridades centrales, y los estados vecinos estaban obligados a transferir un porcentaje de su riqueza a Macedonia. Antípatro trasladó el tesoro de Pérdicas a la nueva corte y transfirió suficientes fondos a Antígono para que pudiera pagar su expedición militar contra Eumenes.

Todo parecía ir según lo planeado por Antípatro. Desafortunadamente, tenía ochenta años y moriría en algún momento del año siguiente, no pudiendo ver que se materializara su plan. Si lo hubiera hecho, habría creado un territorio europeo y uno asiático separados. Antígono habría asumido la responsabilidad de los territorios asiáticos mientras reconocía a Macedonia como el poder incontestable. Por supuesto, este plan dependía de la habilidad de Antígono para derrotar a Eumenes.

Antípatro murió en 319 a. C., y nadie más estaba allí para reemplazarlo. Disfrutó del poder, el prestigio y la autoridad como pocos reyes lo habían hecho antes. Sirvió como la mano derecha del rey Filipo II durante las batallas por el dominio contra los griegos y luego gobernó Macedonia bajo Alejandro Magno cuando ayudaba a forjar un imperio. Con este tipo de prestigio y habilidades de liderazgo, Antípatro se mantuvo en su posición de gran prestigio gracias al apoyo del pueblo y el ejército. Desafortunadamente, en Macedonia, el prestigio y la reputación no podían transferirse a un heredero. Este aspecto del gobierno combinado con la lealtad de Antípatro a la casa real de los reyes lo empujó a elegir a otro que no fuera su hijo como su sucesor.

Antípatro fue leal a Arrideo y al rey recién nacido, Alejandro IV; sin embargo, ninguno de los dos estaba preparado para gobernar un reino. La lealtad de Antípatro a la casa real también le impidió crear la imagen de que estaba tratando de alzarse con la corona. Temía que si nombraba como nuevo regente a su hijo mayor Casandro enfurecería a mucha gente influyente. Por lo tanto, nombró a Poliperconte como el próximo regente. Era un hombre viejo, pero como alguien que sirviera en la casa real de Macedonia y como alguien que había seguido a Antípatro durante años, compartía los mismos ideales. Poliperconte sirvió bajo Alejandro Magno como un oficial leal, luchó en la guerra helénica junto a Crátero y gobernó Macedonia cuando Antípatro estuvo ausente. En la mente de Antípatro, era la elección perfecta para que fuera aceptado tanto por las tropas como por las casas reales.

Casandro se convertiría en la mano derecha de Poliperconte. Cuando falleció su padre tenía poco más de treinta años. Sin embargo, Casandro nunca había servido bajo Alejandro Magno. Se quedó cerca de su padre en Macedonia y lo apoyó en su lucha contra la familia de Olimpia. También lo representó en Babilonia, a pesar de que no era bienvenido allí. Cuando Alejandro murió, Casandro estuvo presente, y fue testigo de primera mano de cómo los oficiales y generales conspiraron para forjar su propia riqueza a costa del imperio. Durante un corto tiempo, sirvió bajo Antígono como su mano derecha, pero tuvo que regresar a casa debido a la mala salud de Antípatro.

Aquí se puede ver otro ejemplo claro de relaciones familiares e intereses personales que tienen prioridad. Durante la época de Filipo y Alejandro, se cultivaba una tradición de lealtad a la casa real de Macedonia. Sin embargo, los representantes actuales rara vez estaban presentes en la vida del pueblo y de las tropas. Planeaban y gobernaban dentro de los muros de sus cortes. La lealtad tradicional de los militares se estaba disipando lentamente, e incluso las tropas notaban que cada comandante estaba a cargo de pagar a un grupo de soldados. Esta responsabilidad solía recaer en el rey. Ahora, a las tropas se les pagaba para satisfacer las ambiciones personales de su comandante.

Esta erosión se hizo aún más evidente que antes cuando Casandro se empezó a preocupar por el nuevo papel que estaba a punto de jugar. Poliperconte no era tan respetado y amado por la nueva generación de soldados, y como Casandro no estaba satisfecho con la decisión de su padre, ideó un plan para buscar ayuda de los comandantes militares que estaban estacionados en las ciudades griegas, así como de Ptolomeo y Antígono. Ellos respondieron y le ofrecieron ayuda militar, que también incluía varios barcos. Con este acto, Casandro declaró la destitución del nombramiento de Poliperconte como regente. Con Antígono de su lado, esto significaba una guerra civil en todo el imperio si Poliperconte se decidía tomar armas contra ellos.

Antígono mantuvo las apariencias de que quería respetar el acuerdo que hizo con Antípatro, ya que aseguró que aún deseaba gobernar sobre un imperio asiático dividido y que continuaría respetando la autoridad de Macedonia. Siguió apoyando la visión de Antípatro; sin embargo, no estaba contento con Poliperconte como su elección para regente. Sin embargo, Antígono estuvo de acuerdo con Casandro en lo que respecta al gobierno hereditario. Ninguno de los dos tenía ningún problema cuando se trataba de crear una línea de regentes para gobernar Macedonia.

Por otro lado, Poliperconte se enfrentaba a un dilema que podría destruir el imperio. Fue leal a Antípatro y aceptó su nombramiento, pero ahora estaba en contra del hijo del regente. Sabía que esta situación podría conducir a una tierra dividida, y no sabía si las tropas de Antípatro permanecerían de su lado.

En 318, Antígono mostró abiertamente que defendía a Casandro. Confiscó una flota de transporte que transportaba alrededor de veinte toneladas de plata desde Asia a Macedonia. Poliperconte sabía que no tenía más remedio que confiar en las ciudades griegas para el comercio y las tropas. Sin embargo, no sabía si los comandantes de la guarnición que fueron designados para supervisar las ciudades griegas estarían de su lado. Sin embargo, Poliperconte tenía que mantener el control de los griegos, incluso si parecía imposible.

En ese momento, Poliperconte se enfrentaba con dos problemas principales. No podía arriesgarse a reemplazar a los comandantes reales de Casandro, ya que este acto podía provocar un conflicto abierto. Además, los comandantes simplemente podrían negarse a seguir sus órdenes. El segundo problema surgía de los cambios que Antípatro había hecho en las constituciones de cada ciudad-estado griega. Hombres leales y ricos fueron nombrados dentro de los gobiernos locales, y como resultado, habían prosperado. Poliperconte argumentó que esos hombres se mantendrían leales al hijo del regente que había traído riqueza y prosperidad a sus vidas y que había pocas posibilidades de que apoyaran a Poliperconte.

En Macedonia, también se vio privado de cualquier apoyo político. No pudo beneficiarse de las alianzas y conexiones que Antípatro había hecho durante su reputada vida, por lo que su única opción fue obtener la ayuda de la madre de Alejandro, Olimpia, que Antípatro había sacado de su lugar en Macedonia.

La muerte de Antípatro había llevado a una batalla por la supremacía. En la Macedonia europea, Casandro tenía que competir con Poliperconte para obtener el apoyo de las ciudades-estado griegas y las guarniciones de Macedonia. Ningún territorio podría escapar de la lucha entre ambos. En los territorios asiáticos, Antígono comenzó una campaña similar para buscar el apoyo del pueblo. Tenía experiencia en liberar ciudades del dominio persa ya que había dirigido varias campañas exitosas en el área mientras servía bajo el mando de Alejandro. Esta experiencia demostró ser invaluable ya que le dio una idea del sistema de gobierno único de cada ciudad y la población. Antígono entendía al pueblo de las ciudades asiáticas y griegas e incluso simpatizaba con su participación en la lucha entre los señores macedonios; sin embargo, tuvo que ponerlos bajo la influencia de Casandro.

Al mismo tiempo, la corte de Poliperconte dio la bienvenida a un gran número de representantes oficiales de las ciudades griegas. Vinieron a buscar respuestas del regente y a recibir garantías de él. Sin embargo, Poliperconte sabía que los hombres acudían a evaluar la situación política para tomar una decisión. ¿A quién iban a apoyar, al regente elegido o al hijo de Antípatro? Casandro ya había colocado a su propio comandante de guarnición leal en Atenas sin ninguna interferencia, por lo que Poliperconte supuso que la mayoría de las ciudades que prosperaron gracias a los cambios constitucionales de Antípatro también se alinearían con Casandro, lo que limitaba sus opciones.

Poliperconte tenía una opción, y era arriesgada. Emitió un decreto real en nombre del rey para restaurar las constituciones democráticas que las ciudades griegas disfrutaban antes de la guerra helénica. Permitió que los exiliados expulsados que perdieron su ciudadanía regresaran a sus ciudades. Con esta movida, Poliperconte esperaba alentar a la oposición a estar de su lado. Sin embargo, esta decisión transformó en enemigos a los griegos y macedonios que se beneficiaron de las constituciones revisadas de Antípatro. Los locales temían las implicaciones sociales, económicas y políticas que traería un cambio tan drástico. En la primavera de 318, Poliperconte viajó con Arrideo a las ciudades griegas para extender su influencia aún más. Su objetivo era impulsar su propaganda para solidificar su relación con las ciudades restauradas democráticamente.

El decreto de Poliperconte fue más rotundo en Atenas, la ciudad que posiblemente sufrió más por las reformas de Antípatro. La democracia fue restaurada a la antigua ciudad-estado, y el ejército del regente estuvo cerca para garantizar la seguridad. Los nuevos líderes democráticos, envalentonados por la protección militar de Poliperconte, comenzaron una campaña contra todos los que se beneficiaron del gobierno de Antípatro.

Los atenienses fueron muy implacables. Una de las personas más notables que fueron víctimas de la restauración fue Foción. Fue un personaje prestigioso conocido por ser justo e incorruptible, y sirvió a Atenas fielmente durante casi cinco décadas. Sin embargo, cometió el error de mantener su posición como *estratego* (un gobernador militar) también bajo Antípatro. Los atenienses no pudieron perdonarlo, y su reputación no fue suficiente para protegerlo. Fue ejecutado por orden de la nueva asamblea gubernamental. Este es solo un ejemplo del caos que se produjo como resultado del decreto de Poliperconte.

Desafortunadamente para Poliperconte, su plan no fue tan exitoso como esperaba. Los cambios constitucionales trajeron aún más inestabilidad y división a los estados griegos y macedonios. Muchas ciudades profundizaron en el caos, al igual que Atenas. Casandro aprovechó al máximo la situación y reunió a un mayor número de aliados de aquellos que fueron atacados por el decreto del regente.

Más tarde ese año, Casandro llegó a la guarnición macedonia que todavía estaba presente en Atenas. Trajo consigo una flota que le proveyera Antígono. Aprovechando la división política que se había producido en Atenas, contrató a Demetrio de Falero, uno de sus partidarios locales, para que fuera su nuevo gobernador. Demetrio había sobrevivido a la purga ateniense y, con su ayuda, Casandro pudo reunir a más partidarios de su lado. Antes de la restauración, había disminuido los requisitos de ciudadanía establecidos por Antípatro. Para ser ciudadano, uno tenía que poseer 2.000 dracmas, pero Casandro en cambio, impuso un requisito de 1000 dracmas. Otras ciudades se unieron a su causa poco después.

Poliperconte se volvió cada vez más impopular en las ciudades griegas porque había aplicado el nuevo decreto con su ejército. Esto significaba que mientras viajaba, las ciudades tenían que acomodar una gran cantidad de tropas por su propia cuenta. La campaña del regente por el apoyo de Grecia duró varios años, pero al final fracasó.

Poliperconte le daba mucho valor a su posición oficial. Deseaba tomar el legado de Alejandro y hacerlo suyo; por lo tanto, intentó difundir su influencia en Asia Menor. Sin embargo, sabía que Antígono estaba del lado de Casandro, y no podía invertir en una campaña militar para tomar el control del territorio asiático. En cambio, tomó la decisión de traer a Eumenes de Cardia a su redil y nombrarlo General Real de Asia. El problema era que Eumenes había sido acusado y condenado por un consejo oficial de Macedonia por matar a Crátero, lo que significó que Poliperconte tuvo que ofrecer vergonzosamente una dispensa especial para liberarlo de los cargos. Sin embargo, restaurar su estado sería beneficioso. En primer lugar, no era macedonio; por lo tanto, nunca podría reclamar ningún tipo de poder, por lo que nunca se convertiría en una amenaza política para Poliperconte. En segundo lugar, Antígono ya había comenzado su campaña militar contra él, y con suficiente apoyo,

Eumenes podría mantenerlo ocupado durante mucho tiempo, lejos de Macedonia.

Otra ventaja que trajo Eumenes fue de suma importancia. Antígono se volvió cada vez más agresivo en Anatolia, ganando terreno rápidamente. Para entonces, había ganado el control de los territorios al este del Bósforo y los Dardanelos. En 317 Poliperconte intentó detener su avance enviando una flota dirigida por Clito el Blanco, un almirante que tuvo un éxito increíble contra los griegos durante la guerra helénica. Ganó una gran batalla contra Antígono, pero esta victoria fue de corta duración. Clito perdería la mayor parte de su flota durante la noche siguiente a un ataque cuidadosamente planeado al amparo de la oscuridad. El almirante fue asesinado, y Poliperconte necesitaba desesperadamente hacer algo con sus rivales.

Eumenes aceptó la oferta de Poliperconte, y con el sello real en la mano, trasladó a sus tropas de Capadocia para perseguir a Antígono. Comenzó a reclutar nuevas tropas y a tomar todos los recursos que necesitaba de los tesoros a los que tenía acceso debido a su nueva posición real. Antígono se vio obligado a responder a estas provocaciones porque dependía de los mismos recursos para establecerse en Asia Menor. Sin embargo, Eumenes fue lo suficientemente inteligente como para empujarlo a Irán, donde las riquezas del antiguo Imperio persa estaban listas para tomar. Impuso impuestos a los iraníes y recolectó suficiente moneda para poder continuar presionando hacia el oeste. Antígono no tuvo más remedio que perseguir a su ejército. No podía permitir que su enemigo tuviera libre acceso a tanta riqueza.

Eumenes y Antígono estaban ocupados jugando un juego de gato y ratón en Asia Menor, lo que significó que Poliperconte tuvo éxito en desviar la atención de Antígono de sus acciones. Sin embargo, esto no fue suficiente. Necesitaba lograr la misma forma de victoria también en Europa. Lo que logró en Asia Menor no era suficiente para convencer a las cortes macedonias de unirse a él contra Casandro. Poliperconte era dolorosamente consciente de este problema, pero rápidamente ideó un plan para construir su reputación al permitir que Olimpia regresara a Pella, la capital de Macedonia. Esto le garantizaría la lealtad de Arreas. Al principio, Olimpia tardó en decidirse; sin embargo, durante el verano de 317, debido al éxito de Casandro en Atenas, eligió aceptar la oferta de Poliperconte

Poliperconte, Alejandro IV y su madre, Roxana, marcharon bajo escolta militar para saludar a Olimpia y llevarla a Pella. Arrideo y Eurídice se quedaron atrás. Esto resultó ser un error fatal porque Eurídice sabía que, si Olimpia regresaba, ella y su esposo ya no tendrían todo el poder. Para evitar este escenario, los dos se contactaron con Casandro para pedirle ayuda. Al mismo tiempo, Eurídice rápidamente armó su propio ejército y lo envió tras Poliperconte. Las tropas obedecieron su orden hasta que llegaron a las montañas y se vieron obligadas a enfrentarse al enemigo. Se rindieron de inmediato porque no podían luchar contra la madre de Alejandro y corrían el riesgo de desencadenar una guerra civil. El plan de Eurídice fracasó, y terminó resolviendo uno de los mayores problemas de Poliperconte que se había creado después de la muerte de Alejandro: ya no tenía que preocuparse de que Macedonia fuera gobernada por dos reyes. Arrideo y Eurídice fueron detenidos y encarcelados por sus acciones traidoras contra Poliperconte y Olimpia. Fueron tratados con gran crueldad, y más tarde ese año, fueron asesinados.

Poliperconte tenía razón en obtener apoyo al traer de vuelta a la reina. Sin embargo, el regreso de Olimpia a Macedonia eclipsó su gobierno cuando comenzó una campaña de venganza contra todas las familias nobles que se habían opuesto a ella, especialmente la familia de Casandro. Además, expulsó a más de cien nobles macedonios que estaban en su contra o que se asociaron con alguien de la familia de Antípatro. Así comenzaría un reinado de terror que Poliperconte nunca hubiera esperado. Como resultado, muchos macedonios que lo apoyaron o que no estaban de su lado ni del de Casandro comenzaron a cuestionar el estado de derecho. Comenzaron a ver a Casandro como una opción más razonable.

En 316, Casandro decidió que era el momento perfecto para su regreso a Macedonia. La noticia por sí sola fue suficiente para obligar a Olimpia a retirarse a Pidna para refugiarse. Sin embargo, actuó demasiado tarde ya que los hombres de Casandro bloquearon las carreteras. Después de un asedio, no tuvo más remedio que rendirse a él. Fue sometida a juicio, condenada a muerte e inmediatamente ejecutada. Alejandro IV y Roxana también fueron capturados; Sin embargo, se salvaron. Ambos fueron enviados a Anfípolis donde se les permitió vivir sus vidas bajo estrecha supervisión para eliminar la posibilidad de cualquier acción rebelde.

Casandro se benefició del terror que Olimpia desató en toda Macedonia. La gente estaba dispuesta a apoyarlo mientras él gobernara pacíficamente. Esto lo empujó a solidificar aún más su posición tomando a Tesalónica como su novia. Era hija de Felipe II, pero no de Olimpia. Esto le dio aún más apoyo cuando se convirtió en miembro de la respetada familia real, la de los grandes reyes Felipe y Alejandro.

Casandro pronto comenzó una campaña por el apoyo desquiciado de su pueblo. Una de sus acciones más notables fue la de levantar una nueva ciudad en el antiguo sitio de una colonia corintia que el rey Filipo II conquistó en 356. Los colonos macedonios se congregarían en el nuevo centro urbano y ganarían las nuevas tierras que les fueron distribuidas. Casandro nombró a la nueva ciudad Casandrea. Sabía que era una antigua tradición de Filipo de darle su nombre a cada ciudad, tradición que también había seguido Alejandro Magno. Llamar a la ciudad con su nombre ayudó a mostrar a los macedonios que él era el heredero legítimo y el único igual a los grandes gobernantes que habían venido antes. Casando no se detuvo aquí. Continuó proyectos de urbanización en varias regiones y unió comunidades dispersas en un centro urbano. Filipo y Alejandro habían comenzado este tipo de consolidación regional, y Casandro lo convirtió en un símbolo macedonio que definiría el período helenístico.

El rotundo éxito de Casandro obligó a Poliperconte a retirarse al sur con su hijo. Ya no tenía ningún poder, influencia o reclamo al trono real debido a su apoyo a la tiranía de Olimpia. Sin embargo, todavía esperaba conservar los territorios del sur que Eumenes recuperara. Desafortunadamente, sus planes fueron completamente destruidos cuando descubrió que Antígono había derrotado a su último seguidor. Las ambiciones políticas que tenía para Asia Menor habían desaparecido, y Poliperconte no tuvo más remedio que desvanecerse. La única reacción política que importaba pertenecía a Antígono. Continuar apoyando el gobierno de Casandro en Macedonia fue una decisión importante que afectaría a toda Macedonia. Si decidía que Casandro era apto para el trono, el plan de Antípatro para un gobierno bilateral podría concretarse después de todo.

# Capítulo 3 - Antígono

Cronología:

1. 315/14: El comienzo de la Tercera Guerra de los Sucesores
2. 312: Batalla de Gaza; Seleuco retoma Babilonia
3. 311: Fin de la Tercera Guerra de los Sucesores; Macedonia se divide

Después de derrotar a su rival Poliperconte, Antígono se ocupó con sus antiguos partidarios de los territorios iraníes, eliminando cualquier posible amenaza y resistencia. En el año 315, marchó a Persia y luego Babilonia para recoger todo el oro y la plata que se juntó en los tesoros reales. Reunió suficientes monedas para mantener a un gran ejército durante varios años, y continuó aumentando ese ingreso debido al tributo que siguió recibiendo de los gobernadores iraníes.

Antígono usó esa enorme riqueza para mantener su posición como representante real del gobierno asiático. Poliperconte revocó esa posición, pero nadie pudo impugnarla. Las acciones de Antígono tuvieron un impacto negativo en los gobernadores orientales, y solo se volvería más grave a medida que continuara viajando hacia el este cuando comenzara a deponer a los gobernadores que abrazaron por completo a Eumenes como autoridad legal. Sin embargo, el mayor impacto se sintió cuando entró en Babilonia, el territorio gobernado por Seleuco.

Seleuco estaba en contra de Eumenes y se puso del lado de Antígono; sin embargo, eso estaba a punto de cambiar. En su corte, Seleuco tuvo un desacuerdo violento con Antígono con respecto a la autoridad que trataba de ejercer. Antígono insistió en ver las financias, pero el gobernante de Babilonia se lo negó. Sin embargo, Seleuco sabía que no tenía ninguna posibilidad contra él, por lo que acumuló un gran ejército, financiado por una enorme riqueza.

Seleuco huyó a Egipto mientras aún tenía oportunidad. Allí, pintó a Antígono como una plaga en las tierras, un hombre hambriento de poder y riqueza. Afirmó que Antígono deseaba tomar el control de todo el Imperio de Macedonia. Antígono intentó contrarrestar las acciones y la propaganda de Seleuco enviando a sus representantes al Reino Ptolomeico, así como a Casandro y Lisímaco, el gobernador de Tracia. Sin embargo, sus palabras cayeron en oídos sordos. Los otros gobernadores y soberanos ya estaban convencidos que las noticias traídas por Seleuco eran ciertas.

Mientras Antígono todavía estaba ocupado persiguiendo a Eumenes, Ptolomeo se había asegurado nuevos territorios para sí mismo, es decir, en el sur de Siria. Al mismo tiempo, Casandro atacó cualquier resistencia que hubiera quedado en Capadocia. Ambos le pidieron a Antígono que les cediera estas tierras. Además, Casandro también reclamó Licia. Durante este conflicto, el gobernador de Tracia apoyó a ambos, Casandro y Antígono. Sin embargo, cuando Antígono tomó el control de las tierras alrededor de Frigia Helespóntica, Lisímaco se preocupó porque Antígono ahora tenía el control de varias de sus rutas comerciales, así que se sumó a los reclamos pidiendo ese territorio para sí mismo. Esta alianza también exigía una parte de las riquezas que Antígono había acumulado después de vencer a Eumenes en la batalla. Argumentaron que todos contribuyeron a la guerra; por lo cual todos deberían compartir el botín de la victoria. Antígono rechazó todas sus demandas.

En el invierno de 315 a 314, estalló la guerra como resultado de desafiar a Antígono. De la coalición, Lisímaco significaba la menor amenaza ya que estaba demasiado ocupado consolidando su poder en Tracia. Por otro lado, estaba mucho más cerca de Antígono, pero fue expulsado de Siria. Antígono comenzó una gran campaña de construcción de barcos para expandir su poderío militar y finalmente emprender una ofensiva occidental. Antígono quería disminuir la posición de Casandro entre los europeos; sin embargo, también sabía que no tenía ninguna posibilidad contra el ejército macedonio. Además, Antígono quería evitar atacar Macedonia para mantener la posibilidad de obtener de ellos metales preciosos y tropas. Su única opción en ese momento era acudir a Poliperconte por ayuda.

Poliperconte y su hijo, Alejandro, se habían retirado al sur y mantenían su poder en varias ciudades de la región del Peloponeso. Antígono se vio obligado a dejar de lado las diferencias que tenía con el hombre y buscar su ayuda. Necesitaba su influencia en la región, así como también el respeto que aún tenían entre las poblaciones locales, y Poliperconte necesitaba desesperadamente recursos. Se formó una alianza por la necesidad de mantener ocupado a Casandro. Poliperconte trajo otra ventaja a la mesa. Antes de verse obligado a retirarse, restauró las ciudades griegas a sus antiguas democracias. En ese momento, perdió el favor de la oligarquía rica y poderosa; sin embargo, su decisión ahora demostraría ser útil. Habían pasado cuatro años desde entonces, y Casandro había vuelto a otorgar poder sobre las ciudades griegas quienes se beneficiaron de las reformas de Antípatro. Antígono sabía que tener a Poliperconte de su lado le ganaría el apoyo de la gente que alguna vez le había agradecido la restauración de la democracia.

Antígono preparaba una nueva política que aplicaría con la ayuda de Poliperconte y su hijo. No podía esperar ningún apoyo de ninguna de las tropas de Casandro ni de los ricos gobernantes de las ciudades griegas; por lo tanto, decidió centrarse en los intereses de los ciudadanos que pertenecían a las clases bajas. Su nueva política consistía en alentar a los griegos con una posición social más baja a ayudarse a sí mismos y brindarle su apoyo. Declaró a los griegos que todas sus ciudades debían ser independientes una vez más, con derecho a autogobernarse. De los macedonios, exigió justicia para Olimpia, que había sido ejecutada por Casandro, así como para Alejandro IV y su madre Roxana, que estaban detenidos como prisioneros. Además, Antígono se declaró a sí mismo como el legítimo sucesor de Poliperconte, ya que ya tenía todo su apoyo.

Las demandas que Antígono hizo en nombre de Olimpia no pudieron ser reforzadas, pero tampoco las necesitaba. Estaba seguro de ganar algunos aliados en Macedonia debido a su postura, pero lo más importante, necesitaba garantizar la lealtad de las tropas macedonias que aún seguían bajo su mando. Por otro lado, la postura de Antígono sobre el tema griego era práctica. Acumularía una gran influencia en las ciudades-estado griegas, e iba a reforzarla enviando una flota para ayudar a sus partidarios que luchaban contra los oligarcas de Casandro. El primer éxito real que experimentó fue gracias a Dioscórides, su sobrino, que dirigía una flota a la isla griega de Delos. Dioscórides ayudó a asegurar su independencia, y los griegos permitieron a Antígono tener un punto de apoyo desde el cual podría liberar a otras ciudades a tiempo. Otras ciudades griegas también fueron liberadas en Asia Menor. La campaña de Antígono para armar la autodeterminación de los griegos demostró ser un arma poderosa. Al mismo tiempo, Ptolomeo ganó poder e influencia en Chipre, que era un centro crucial de construcción de barcos.

Antígono se enfrentaba a una serie de problemas complejos en Grecia. Existían muchas facciones, cada una con sus propias ambiciones. No podía convencerlas a todas de que se le unieran con una política simple. Sin embargo, la mayor debilidad de Antígono era su dependencia de Poliperconte y su hijo, Alejandro. En 313, Casandro logró interponerse entre Alejandro y su padre, convenciendo a Alejandro de que se le uniera. Esto podría haberse convertido en un duro golpe para Antígono; sin embargo, Alejandro fue asesinado rápidamente después de su traición.

Además, las ciudades griegas más pequeñas pagaron el precio por la incertidumbre de los tiempos. Algunas de ellas fueron ocupadas por las guarniciones de Casandro, mientras que otras fueron liberadas por Antígono. Las complicaciones no terminaron allí. En algunas ciudades, la liberación no fue según lo planeado. Las tropas que eliminaban algunas de las guarniciones se rebelarían más tarde y emprenderían un saqueo desenfrenado, destruyendo la ciudad que habían liberado. Una de esas desafortunadas ciudades fue Egio.

Tales sucesos violentos son un ejemplo del impacto negativo que resultaría de la política de liberación de Antígono. La oligarquía rica continuó haciendo todo lo que estaba en su poder para apoyar a Casandro porque les garantizaba el control sobre los gobiernos locales. Los intereses de la clase alta y los de la clase baja estaban en polos opuestos. En muchas ciudades griegas, esta diferencia siempre había provocado conflictos, luchas de poder y, en ocasiones, incluso una guerra civil. Sin embargo, el agregado de dinastías macedonias en guerra agravaría aún más la condición social de los griegos.

Durante los siguientes tres años, Antígono y Casandro continuaron su conflicto. Sin embargo, no hubo un vencedor decisivo. Ambos sufrieron pérdidas y derrotas, pero como ninguna fuera decisiva, la guerra continuaría.

Sin embargo, en 312, algo cambiaría. Seleuco convenció a Ptolomeo de que tenían la oportunidad perfecta de atacar a Siria ahora que Antígono estaba ocupado en otra parte. Ambos acordaron y conquistaron Gaza y otras ciudades sin mucha resistencia. Más tarde ese año, Antígono se vio obligado a traer refuerzos a Siria misma. Seleuco todavía estaba amargado por lo que sucedió en Triparadiso casi diez años antes, y nunca olvidó que se vio obligado a abandonar su puesto en Babilonia. Todavía perseguía sus ambiciones, por lo que Ptolomeo le otorgó un pequeño ejército de mil hombres para intentar controlar Babilonia. Estos territorios eran importantes para Antígono porque representaban la mayoría de sus recursos financieros. Sin ellos, ya no podría financiar su campaña.

Seleuco aumentó el tamaño de su pequeño ejército con las guarniciones que Antígono había dejado atrás. Una vez que llegó a Babilonia, no tuvo problemas para hacerse cargo, ya que la ciudad lo recibió de nuevo en su asiento desde el que había gobernado durante cuatro años. Solo el general de Antígono Nicátor, intentó desafiar a Seleuco; sin embargo, Nicátor sufrió una desastrosa derrota, lo que lo obligó a huir. Después de esto, las satrapías locales iraníes reforzaron la posición de Seleuco. Antígono se vio obligado a reaccionar debido a la importancia de Babilonia. Envió a su hijo, Demetrio, con un gran ejército de veinte mil soldados. Cuando llegó a Babilonia, Seleuco estaba en Irán. Demetrio dejó a Patroclo, un comandante, a cargo de las defensas de la ciudad, pero decidió abandonar la ciudad. Sin embargo, Patroclo dejó dos ciudadelas totalmente acuarteladas. Demetrio tuvo éxito en tomar el control de una de las ciudadelas. En este punto, cometió un error significativo que reduciría aún más la influencia de Antígono en la región: permitió que sus tropas se alborotaran y saquearan a la población local.

El rotundo éxito de Seleuco obligó a Antígono a entablar negociaciones abiertas, que pusieron fin a su campaña occidental. Todas las partes acordaron las conversaciones de paz porque habían sufrido pérdidas, pero no habían ganado nada. Los años de guerra no cambiaron la influencia de nadie. Ptolomeo mantuvo su poder en Egipto y parcialmente sobre Chipre. En el continente griego, Antígono obtuvo un apoyo menor debido a su campaña de liberación, y en Macedonia, Casandro retuvo todo su poder. Además, Lisímaco continuó gobernando en Tracia, ya que nunca estuvo realmente involucrado en ningún conflicto importante. En otras palabras, la alianza no logró obtener lo que inicialmente exigían. Sin la intervención de Seleuco en el este, la guerra podría haber continuado durante varios años más, ya que ninguno de los bandos sufrió pérdidas significativas en ninguna de sus batallas. Como nadie estaba perdiendo nada importante, esto significaba que ninguna de las partes estaba dispuesta a ceder ante las demandas de nadie. Pero como

Antígono perdió el control de Babilonia, ambas partes firmaron la paz en 311, y todos acordaron dividir formalmente el Imperio de Macedonia.

Antígono no tuvo más remedio que aceptar la situación en Europa para poder avanzar sobre Seleuco. Se vio obligado a reconocer oficialmente la legitimidad de Casandro sobre la parte europea del antiguo imperio, así como el dominio de Lisímaco sobre Tracia. Antígono ya no podía sostener ningún reclamo sobre ninguno de esos territorios. Además, aceptó el gobierno de Ptolomeo sobre Egipto y Chipre. Casandro, por otro lado, se vio obligado a aceptar formalmente las limitaciones de su posición y estatus dentro de Macedonia. El heredero legítimo al trono, Alejandro IV, todavía estaba vivo. En ese momento, tenía doce años y aunque se mantuvo alejado del público, se esperaba que asumiera su papel de rey una vez que alcanzara la mayoría de edad. Se tomó esta decisión para mantener la tradición macedonia y apaciguar a las masas; sin embargo, resultaría en la muerte del joven rey y su madre. Dos años después de la firma del tratado, ambos fueron asesinados por Glaucias, comandante de la guarnición.

El tratado contenía otra demanda que Casandro se vio obligado a aceptar para cerrar ese capítulo entre los diversos gobernantes del Imperio de Macedonia. Una vez más, las ciudades-estado griegas volverían a ser libres y autónomas. Antígono convenció a Tolomeo y Lisímaco de la importancia de liberar a los griegos. Sabía que realmente esta cláusula en el tratado no les importaba porque sus territorios no incluían ninguna de las antiguas ciudades griegas. Su objetivo era debilitar la posición política de Casandro en las Islas Egeas y Grecia continental. Antígono sabía que Casandro no iba a retirar inmediatamente a sus militares de las ciudades; sin embargo, el mensaje no estaba dirigido a él. En cambio, Antígono quería aumentar su influencia y poder asegurando a los griegos que sus intereses eran importantes en este tratado y que los gobernantes macedonios debían considerar su posición y condición. Se encontró evidencia directa de la estrategia de Antígono en la pequeña ciudad de Escepsis. Allí se encontró una carta que explicaba por qué estaba haciendo las paces. Antígono escribiría que no logró todos sus objetivos para los griegos porque las negociaciones del tratado habían tomado demasiado tiempo para lograrlo. Sin embargo, les garantizaba una cláusula en el tratado que especificaba su autonomía. Además, expresaba que se vio obligado a comprometer algunos de sus principios en nombre de la paz. También mencionaba que los griegos lucharían para defender su libertad contra cualquier amenaza y que él defendería sus intereses. Esta carta estaba dirigida a los súbditos de Antígono; por lo tanto, puede haber cierta exageración en ella por razones políticas.

# Capítulo 4 – El Imperio Seléucida

Cronología:

    310/309: Guerra entre Antígono y Seleuco en la Mesopotamia

Los años posteriores al tratado entre los gobernantes macedonios serían los más influyentes para el desarrollo del mundo helenístico. Este período definitorio solidificaría el helenismo hasta la invasión y ocupación romana.

La división entre los territorios en Europa, Asia y Egipto se volvería permanente y altamente resistente a cualquier intento de hacer un cambio. Ciertamente no era natural, incluso si se hubiera visto de esa manera. La única razón por la que tuvo lugar fue porque Antígono no tenía una alternativa real a la guerra en curso. Nadie estaba ganando y nadie estaba perdiendo. La paz era la única opción que no conduciría a conflictos inútiles y luchas económicas. La siguiente década después del tratado de paz solo serviría para consolidar los cimientos del mundo helenístico.

Quizás uno de los aspectos más importantes del tratado fue que Seleuco no estuvo presente. Dado que no estuvo presente, los otros miembros de su coalición no podían permitirse traicionarlo; sin embargo, tenían que eliminar la presencia de Antígono en Europa. Esto quería decir restringir su dominio a Asia, pero el tratado no especificaba qué querían decir con "Asia", lo que significaba que lo dejarían para que Seleuco lo resolviera en una fecha posterior. Sin embargo, para Antígono, suponía que mantenía todos los derechos sobre las satrapías iraníes, así como sobre Babilonia.

Seleuco tomó su decisión de mantener el control sobre las satrapías y Babilonia, y fue apoyado por Ptolomeo. Sus esfuerzos se centraron en controlar los recursos y la riqueza de las satrapías para financiar sus defensas contra el inevitable ataque de Antígono. Con tanta riqueza, que eclipsaría cualquier cosa que Europa o Egipto pudieran producir, ya no necesitaba a sus antiguos aliados de la coalición. Sin embargo, seguirían siendo amigos ya que no tenían intereses antagónicos que debieran abordarse. Esto se puede ver en el hecho de que, aunque Seleuco no estuvo allí para ayudar a determinar los aspectos del tratado, sus antiguos aliados no lo traicionaron. Simplemente aprovecharon la única ventaja que tenían, que era asegurarse de restringir el poder de Antígono a Asia mientras que ellos mantenían formalmente reconocidos sus dominios sobre Europa y Egipto.

El desafío más grande de Antígono era enfrentar a Seleuco lo antes posible porque no podía permitirle continuar controlando las ricas satrapías. Las necesitaba para sí mismo para mantener su ejército mercenario. Esto lo obligó a marchar por Babilonia. Los registros históricos de esta campaña son vagos, y se sabe muy poco al respecto. Una parte de las Crónicas de Babilonia menciona las batallas que tuvieron lugar en Babilonia en 310 y 309; sin embargo, ninguna de ellas condujo a una resolución definitiva. Lo que la evidencia muestra es que Antígono sufrió una gran derrota a finales de 309 cuando se vio obligado a retirarse a Siria. Los historiadores no saben si llegó a un acuerdo con Seleuco o si Antígono simplemente ya no tenía los recursos para continuar su campaña contra él.

Seleuco aseguró su posición en Babilonia y pasó los siguientes años solidificando su dominio sobre las satrapías iraníes. Sus territorios se expandieron hasta la frontera india. En 305, cruzó esa frontera para mostrar su fuerza militar a los gobernantes regionales. Esta campaña resultaría ser un desastre. Seleuco se vio obligado a firmar un tratado, el Tratado del Indo, con Chandragupta Maurya, el fundador del Imperio Maurya. Como resultado del tratado, el Imperio Maurya anexó grandes extensiones de las provincias orientales de los territorios de Seleuco. Por otro lado, Chandragupta se casó con la hija de Seleuco, formando así una alianza matrimonial, y también le dio 500 elefantes de guerra a Seleuco. Estos elefantes de guerra pronto se convertirían en el núcleo del ejército de Seleuco.

En unos años, Seleuco desarrollaría su nueva capital imperial, Seleucia. Era una ciudad nueva, cerca de Babilonia, poblada en gran parte por sirios y griegos; los griegos, en su mayor parte, provenían de sus mercenarios griegos y soldados macedonios. Mantuvo los mismos sistemas tradicionales de gobierno en las satrapías iraníes, así como en Babilonia; sin embargo, junto a ellas, tenía una administración griega. Combinó la aristocracia aramea con la aristocracia griega, con él en el centro. Mantener un sistema de doble gobierno tan complejo era difícil y requería la atención personal de Seleuco. Sin embargo, tuvo éxito y creó un enorme monopolio financiero en la región aprovechando la abundancia de recursos iraníes y babilónicos. No obstante, su nuevo sistema de gobierno no cambió su enfoque. Seleuco, así como sus futuros herederos, todavía eran macedonios de corazón, y, por lo tanto, todavía estaban interesados en lo que estaba sucediendo en Grecia y Macedonia.

Como resultado de la creación de un nuevo y único Imperio de Macedonia, Seleuco introdujo un nuevo tipo de calendario para hacer énfasis en la naturaleza dualista de su gobierno. Este incluía un método para contar el tiempo, así como también para fechar los documentos oficiales. La era seléucida tuvo dos puntos de partida diferentes. Uno estaba destinado a las poblaciones griegas, y fue el año 312, que fue cuando conquistó Babilonia según el calendario macedonio. El otro estaba basado en el calendario babilónico, y fue el año 311, que fue cuando gobernaba Babilonia. Con esta nueva "era",

Seleuco promovió a sus súbditos a un nuevo imperio que mantuvo sus antiguas tradiciones y valores. Quería hacerles entender que no tenía la intención de destruir su forma de vida.

Entre la firma del tratado en 305 y el año 301, Seleuco desarrollaría un nuevo imperio. Se convirtió en un poderoso gobernante que rivalizaría con cualquiera de sus antiguos aliados de la coalición

# Capítulo 5 – Casandro de Macedonia

Cronología:

1. 310/309: Casandro asesina a Alejandro IV y a su madre, Roxana
2. 309: Casandro se encuentra con Poliperconte en la Alta Macedonia
3. 307: Demetrio toma Atenas de manos de Casandro
4. 305: Demetrio ataca Rodas
5. 304: Se firma el tratado; Demetrio deja Rodas
6. 301: Batalla de Ipso

Después de la firma del tratado, la situación en Macedonia era mucho más compleja que en Asia. Casandro estaba esencialmente obligado a "cuidar" al joven rey hasta que alcanzara la madurez y tomara oficialmente su trono. Sin embargo, no podía permitir que eso sucediera.

El historiador y general griego Jerónimo de Cardia tomó nota de la reacción de Antígono a la orden de Casandro de asesinar al joven rey y su madre. Él, al igual que Ptolomeo y Lisímaco, fueron relevados por su muerte. Ya no habría ningún desafío de la dinastía Argéada para el trono de Macedonia. Esto significaba que Casandro, Antígono y los otros gobernantes macedonios eran oficialmente libres para gobernar sus propios territorios y continuar con sus aspiraciones personales. Ya no tenían que preocuparse por un futuro rey que buscaría reclamar lo que era legítimamente suyo.

El asesinato en 310/309 marcó una nueva era. Todos conocían la situación, pero los viejos generales esperaron durante varios años hasta reclamar sus títulos oficiales como gobernantes. Antígono fue el primero en 306. Casandro fue especialmente cauteloso porque la resistencia era mayor en Macedonia, donde mucha gente influyente se mantuvo leal a la casa real de Argéada, incluso después del cruel período de gobierno bajo Olimpia. Esta fue la razón por la cual Casandro se casó con Tesalónica y por qué promovió su conexión con Filipo en lugar de con Alejandro Magno. Casandro mantuvo su posición en Macedonia sin mucho conflicto. Sin embargo, la situación era diferente en las ciudades-estado griegas.

Casandro mantuvo el control sobre Atenas, pero otras ciudades representaban un peligro para él. Peloponeso estaba bajo el control de Poliperconte, que aún mantenía su alianza con Antígono. Las ciudades de Sición y Corinto estaban gobernadas por la viuda de Alejandro, el hijo de Poliperconte. En el oeste, la Liga Etolia todavía dominaba parte de Grecia, ya que nunca fueron derrotados. Los etolios eran completamente independientes y estaban en contra Casandro. Independientemente, estos pequeños territorios no eran una amenaza significativa; Sin embargo, todos compartían un enemigo común: el nuevo gobernante de Macedonia.

La posición de Casandro era, hasta cierto punto, inestable, pero era capaz de manejar la situación mientras Antígono permaneciera ocupado con Seleuco. Poliperconte fue el primero en desafiar a Casandro después del asesinato del último de la casa real de Argéada. Poliperconte, después de haber servido durante años bajo el mando de Alejandro Magno, sabía que había engendrado otro hijo con Barsine, una princesa iraní. Su nombre era Heracles, y todavía estaba vivo y bien a la edad de diecisiete años, viviendo en Pérgamo[1]. Poliperconte esperaba recuperar parte de su antigua condición e influencia en Macedonia al traer al último sobreviviente de la casa Argéada para tomar su legítimo trono. En 309, escoltó a Heracles hasta la Alta Macedonia, donde se encontró con Casandro y su ejército. Ninguno de los dos quería arriesgar todo en el campo de batalla, y Casandro no quería ver a otro contendiente al trono. Él y Poliperconte se encontraron cara a cara e hicieron un trato. Heracles debía ser eliminado y, a cambio, Poliperconte recibiría el control sobre sus antiguas propiedades y se convertiría en el representante de los territorios del sur de Grecia.

De este encuentro Casandro logró dos objetivos. Eliminó otra amenaza para su gobierno, y privó a Antígono de uno de sus aliados. Su posición en Macedonia era más segura que nunca; sin embargo, todavía carecía de suficiente influencia sobre las ciudades griegas. Poliperconte también obtuvo lo que deseaba ya que una vez más aseguró la posición y los títulos de su familia. Casandro incluso le entregó sus propias tropas porque sabía que ya no sería una amenaza para él, dado que en ese momento tenía alrededor de ochenta años.

En 307, Casandro sufrió su primera pérdida significativa. La retirada de Antígono de su fallida campaña contra Seleuco no puso fin a sus ambiciones. De hecho, su posición era fuerte. Sin embargo, Antígono no desafió a Casandro directamente. Permaneció en Siria, donde estaba construyendo su nueva capital y, en cambio, envió a Demetrio con una gran flota. Su flota causó pérdidas significativas en Chipre; sin embargo, el gran golpe llegó inesperadamente cuando atacó y capturó la ciudad de Atenas. La captura en sí fue de hecho puramente accidental. Sucedió porque las autoridades de la ciudad pensaron que estaban mirando la flota de Ptolomeo; por lo tanto, no levantaron ninguna defensa. Como resultado, Atenas permanecería

---

[1] No se sabe con certeza si Alejandro Magno realmente engendró a Heracles. Varias fuentes lo mencionan, pero no todas lo hacen. Lo que se sabe es que Poliperconte produjo un niño que se parecía a Alejandro para ser utilizado como peón durante esas guerras de sucesión.

bajo el control de Demetrio durante las próximas dos décadas. Demetrio permitió que el exgobernador abandonara la ciudad con honor, y en las próximas semanas, comenzó a expulsar de los territorios vecinos a la guarnición macedonia, así como a las guarniciones ptolemaicas. Esta fue una derrota significativa para Casandro. Su posición en Grecia ya era débil y ahora perdía la posición más importante que tenía en esa región.

Perder Atenas ante Antígono fue un duro golpe. Debido al estilo de gobierno autocrático del gobernador Casandro, Demetrio no encontró mucha resistencia. Continuó promoviendo la propaganda de libertad y democracia de su padre para todos los griegos. Les garantizó a los atenienses que no habría guarnición militar con una espada en sus gargantas. Poco después de la liberación de la ciudad, los griegos pudieron una vez más celebrar un consejo de ciudadanos. En la asamblea formal, votaron con entusiasmo para ser representados por Antígono y su hijo, Demetrio. De hecho, estaban tan ansiosos por recibir el cambio que dieron a los dos gobernantes el estado de salvadores. El tratamiento de Demetrio de la democrática Atenas se registraría en las muchas piedras, estatuas y monumentos erigidos en su nombre.

La decisión de Casandro de gobernar Atenas con puño de hierro, aplastando la democracia y las libertades del pueblo, resultó ser un error del que Antígono se aprovechó al máximo. Por otro lado, Demetrio eligió seguir los pasos de su padre. Se dedicó políticamente en traer a los ciudadanos griegos de su lado ganando su amor y aprecio en lugar de oprimirlos. Siguió los términos del tratado de paz que Antígono firmara en 311 y se aseguró de respetar las promesas que hizo a los griegos, que eran los derechos a la libertad y la autodeterminación. Obtener su amor y confianza resultó ser mucho más barato que lo que le costó a Casandro mantener su control sobre la ciudad.

En los siguientes cuatro años, Casandro intentaría recuperar la ciudad; sin embargo, la población estaba decidida a mantener su libertad y se opuso abiertamente a él, incluso cuando Demetrio estaba persiguiendo otros objetivos. Además, su capacidad de resistencia fue amplificada por la Liga Etolia, que había ayudado a los atenienses durante la Guerra Helénica. En 304, Demetrio regresó a Atenas, donde permaneció durante dos años. Durante este tiempo, las tensiones entre él y la población comenzaron a mostrarse. Los atenienses se dieron cuenta de que su libertad se extendía hasta donde su nuevo gobernante lo permitía. En otras palabras, eran libres siempre que hicieran lo que él quería. durante ese período, Demetrio se volvió cada vez más autoritario, trasladando su residencia al Partenón y tomando más recursos para él y su séquito. Sin embargo, los atenienses necesitaban su presencia para defenderse de los ataques de Casandro.

Antígono se mostró escéptico acerca de la toma de Atenas por Demetrio y tal vez estaba tan preocupado como Casandro, ya que en ese momento la prioridad de Antígono no era Grecia. Había enviado la gran flota de su hijo para obtener la supremacía naval en el Mediterráneo y hacer retroceder a Ptolomeo. Tomar el control de Chipre era más importante en ese momento que Atenas, por lo que Antígono recordó a Demetrio que lo enviara de regreso a Chipre.

Las operaciones de Demetrio duraron dos años hasta que logró conquistar Chipre. La victoria naval representaba la única prioridad verdadera de Antígono en la región, ya que en ese momento su principal enemigo no era Casandro sino Ptolomeo. En 305, Antígono lo demostró al enviar a Demetrio para atacar Rodas, que era una república independiente. La razón del ataque fue su negativa a ayudar a Antígono en sus batallas contra Ptolomeo. Al mismo tiempo, Atenas tenía que defenderse de los ataques de Casandro. Esta nueva campaña contra la república de la isla duró un año. Fue un asedio sin sentido que exigió muchos recursos y tiempo porque Demetrio no podía aplicar las mismas tácticas que usó en Atenas. Esta ya era una república independiente, y Demetrio solo la atacó porque decidieron democráticamente no interferir en la guerra contra Ptolomeo. Este asedio fue una de las razones por las cuales los atenienses comenzaron a cuestionar el gobierno de Demetrio y su postura sobre la democracia y la independencia griega.

El asedio a Rodas fue un evento importante que impactó en gran medida en toda la campaña de Antígono. Era una señal para los otros gobernantes de que podían resistirlo efectivamente. Casandro, Ptolomeo y Lisímaco ayudaron a los habitantes de Rodas de diferentes maneras para asegurar que mantuvieran a Demetrio ocupado el tiempo suficiente para que perdiera más hombres y recursos. Además, sus aliados griegos estaban cada vez más irritados por su persistencia en asediar una isla que aparentemente no podía ser conquistada mientras Casandro los estaba atacando. Atenas intentó convencer a Demetrio para que abandonara el asedio, pero fueron los etolios quienes finalmente lograron convencerlo de que negociara con los ciudadanos de Rodas. En 304, firmaron un acuerdo; levantó el asedio y regresó a Atenas.

Los atenienses y los etolios estaban dispuestos a perdonar la persistencia sin sentido de Demetrio en la isla de Rodas, por considerarlo un error lamentable. Realmente no les quedaba otra opción, ya que Casandro todavía era poderoso en la región y Demetrio era el único aliado que tenían. Obtuvieron lo que deseaban cuando Antígono le dio permiso a su hijo para comenzar sus operaciones en Grecia y luchar contra Casandro y Poliperconte.

La campaña de Demetrio en Grecia fue exitosa. En dos años, había liberado un número tan grande de ciudades que tuvo que organizarlas en una especie de federación, inspirándose en la Liga de Corinto, que Filipo II creara antes de su guerra contra los persas. Con una alianza de ciudades-estado griegas de su lado, Demetrio pudo atacar a Casandro con más agresividad. Se expandió rápidamente en su territorio hasta que recibió noticias de su padre en 301. La alianza entre Casandro, Tolomeo y Lisímaco había logrado grandes resultados durante el asedio de Rodas, y ahora, estaban a punto de operar juntos una vez más.

Preocupados por el progreso de Demetrio en Grecia, decidieron atacar a Antígono en sus territorios en Asia Menor. Sin embargo, de hecho, su mayor activo era Seleuco. Se unió a ellos en su campaña contra Antígono con su ejército iraní y varios elefantes de guerra, pero no tomó la misma ruta que ellos. Seleuco se dirigió a Capadocia mientras los otros atravesaban Asia Menor. Los dos ejércitos alcanzaron a Antígono en Ipso, Frigia.

La batalla de Ipso en 301 a. C. marcaría otra etapa en la era helenística. El resultado fue la muerte de Antígono y la derrota total de su ejército. Este evento luego afectaría las estructuras sociales y políticas dentro de los antiguos territorios macedonios.

# Capítulo 6 - Después de la Batalla

Cronología:

    1. 300: Hambruna en Atenas; Lácares se convierte en nuevo representante de Atenas

    2. 297: Muerte de Casandro

    3. 295: Demetrio recupera Atenas

    4. 286: Demetrio se dirige hacia Asia Menor

    5. 283: Muerte de Demetrio

Las siguientes dos décadas después de la batalla de Ipsos carecen de registros históricos. Las fechas de los siguientes eventos son inciertas y en su mayoría son hipótesis a partir de los numerosos fragmentos de documentos escritos por varios historiadores antiguos. Además, no se sabe casi nada sobre lo que sucedió en Egipto y otras áreas fuera del mundo helenístico.

Después de la muerte de Antígono, los vencedores dividieron sus tierras y riquezas. Seleuco ganó el control sobre Siria, Lisímaco tomó varios territorios en Asia Menor y Casandro mantuvo el dominio sobre la Grecia europea (a excepción de Tracia). Además, Ptolomeo ocupó una parte del Líbano, a pesar de que no estuvo presente durante la batalla.

Aparte de una nueva tensión causada por desacuerdos sobre las fronteras del Reino ptolomeico y el Imperio seléucida, la alianza estaba relativamente satisfecha con las divisiones territoriales, y esperaban encaminarlas por caminos separados. Estaban convencidos de que la amenaza había terminado porque Antígono estaba muerto y su ejército completamente derrotado. Sin embargo, fue un error haber hecho tal suposición. Demetrio todavía estaba vivo, y todavía tenía el control total sobre su flota. Además, ya tenía el título de rey como parte de una de las medidas de precaución de su padre. Antígono estaba viejo y tenía muchos enemigos. Por lo tanto, cuando se nombró a sí mismo rey de sus territorios, le ofreció el mismo título a su hijo para evitar la misma situación que enfrentara el imperio cuando muriera Alejandro Magno. Esto significaba que, de la batalla de Ipsos surgía un rey con una flota a sus espaldas, pero sin ningún país para gobernar. Sin embargo, su poder naval era suficiente para otorgarle suficiente importancia política.

Demetrio mantenía el control sobre la ciudad portuaria de Éfeso, la isla de Chipre, el Peloponeso y muchas de las islas del Egeo. Además de su flota, confiaba en otra arma: el recuerdo de sus logros en Atenas y otras ciudades griegas que fueron liberadas bajo su gobierno. Estas incluían la federación de ciudades-estado que había creado durante su campaña en Grecia. Después de Ipsos, Demetrio navegó hacia Atenas. Durante ese tiempo, los atenienses se enteraron de la derrota decisiva que habían sufrido Antígono y su hijo. La aprovecharon para celebrar un consejo y acordaron prohibir que cualquier rey ingresara a la ciudad portuaria. Oficialmente, esta decisión debía ser una postura neutral y nada más. Sin embargo, en realidad significaba abandonar a Demetrio. Cuando llegó a Atenas, no se le permitió entrar, pero le ofrecieron una serie de barcos que había dejado antes de dirigirse a la batalla. Demetrio decidió reunir toda su armada y navegar hacia el norte.

Demetrio tenía la intención de atacar a Lisímaco, pero Seleuco llamó su atención ofreciéndole una alianza. Seleuco quería casarse con la hija de Demetrio, Estratónice, y sellar una alianza matrimonial que eliminaría a Lisímaco para siempre como amenaza personal. El matrimonio fue una decisión práctica de ambas partes, ya que la mayor fuerza militar terrestre se uniría con la armada más grande del mundo helenístico.

Mientras tanto, los atenienses aprendieron que era difícil mantenerse neutral. La ciudad-estado dependía históricamente de la importación de alimentos de otros territorios, como Egipto y lo que hoy es Ucrania. Ambas regiones estaban controladas por diferentes reyes, lo que para el año 300 resultó en una gran hambruna. Durante este difícil período, los militares se hicieron cargo de la estructura de gobierno de la ciudad, y con la interferencia de Casandro, mantendrían el control de la ciudad. La democracia solo sobrevivió en la superficie, ya que no tenía importancia real en ninguna función del estado. Lácares, un influyente político ateniense, se convirtió en el nuevo representante del gobierno ateniense.

Los siguientes tres años fueron relativamente tranquilos hasta la repentina muerte de Casandro en el año 297. Además, su hijo, Filipo IV, quien se suponía que era su heredero, moriría varios meses después. Tenía que llenarse este nuevo vacío de poder. La esposa de Casandro, Tesalónica, actuó como regente durante un corto período para manejar a sus otros dos hijos, Alejandro V y Antípatro II. Sin embargo, Antípatro II asesinó a su propia madre, sacando a Tesalónica de la escena, y comenzó una guerra civil contra su hermano menor. Ninguno de ellos tenía experiencia en la guerra o la política; por lo tanto, permitieron que cualquier ayuda externa llegara a Macedonia y se uniera a uno de los bandos.

Se desconocen las fechas exactas de estos acontecimientos. No obstante, se sabe que para el año 295, Demetrio logró recuperar el control de Atenas. Sin embargo, esta vez la liberación y la democracia ya no eran parte de sus intenciones. Puso a gente en la que podía confiar en cada posición clave dentro del gobierno ateniense. Demetrio necesitaba que Atenas se convirtiera en el centro de su poder para poder ejercer su influencia en Macedonia, donde continuaba la guerra civil entre los dos hermanos.

Antípatro II pidió ayuda a Lisímaco, mientras que Alejandro V buscó la ayuda de Demetrio y Pirro (primo segundo de Alejandro Magno). Pirro había sido un valioso aliado durante la batalla de Ipsos, donde luchó junto a Demetrio y Antígono. Pudo responder a la súplica de Alejandro V mucho más rápido que Demetrio y aceptó enviarle ayuda. Cuando Demetrio llegó a Macedonia, la guerra había terminado. Alejandro había ganado por la ayuda que recibió de Pirro. Sin embargo, todavía aceptó ver a Demetrio. Esta acción fue ingenua porque Demetrio aprovechó la oportunidad para asesinarlo. El mismo consejo del muchacho no pudo reaccionar porque estaba en el medio del campamento de Demetrio. Su única opción era aceptar a Demetrio como el nuevo rey. Este cambio en la política regional también fue aceptado por Lisímaco, ya que no tenía otra opción. Necesitaba estabilidad en el área mientras perseguía sus propios intereses a lo largo del río Danubio. Demetrio finalmente había alcanzado la meta por la que su padre se había esforzado tanto y se convirtió en el rey de Macedonia en 294 a. C.

A pesar de que Demetrio se convirtió en el rey, una meta que su padre deseaba alcanzar solo permaneció en ese cargo durante un corto período.

Después de ganar el trono, Demetrio decidió reunir a su armada y su ejército para comenzar su nueva campaña, ya que estaba ansioso por marchar de regreso a Asia Menor. Dio instrucciones a su hijo Antígono II Gónatas para que se quedara en Corinto y mantuviera el orden en su lugar.

Los antiguos territorios de su padre habían cambiado desde 295 cuando Demetrio se había ido a Grecia. A su regreso, esperaba una recepción de bienvenida de la gente; sin embargo, no recibió ni una. Después de la batalla de Ipsos, el control sobre las tierras de Antígono fue parcialmente para Lisímaco. Sin embargo, no tenía los recursos para estabilizar su posición y garantizar el orden en todos los rincones de la tierra. Como resultado, los tiranos locales se alzaron en algunas de las ciudades. El vacío de poder tenía que llenarse, y Lisímaco, tanto si los aprobaba como si no, no podía hacer mucho para eliminar a los autócratas locales. Su única opción era encontrar una manera de cooperar con ellos, y lo hizo. Hubo algunas excepciones, como, por ejemplo, en Bitinia donde el gobernante local se sentía lo suficientemente fuerte y seguro como para rechazar cualquier acuerdo con Lisímaco y, en cambio, gobernaba de forma independiente en la región. Más tarde, de esta resistencia surgiría el nuevo Reino de Bitinia.

En la región de Tróade, donde Antígono había estado supervisando la construcción de su nueva ciudad, Antigonia, Lisímaco se hizo cargo del proyecto. Continuó invirtiendo en el nuevo desarrollo urbano; sin embargo, lo renombró Alejandría. Otras ciudades también fueron fortificadas y mejoradas. Lisímaco cambió el sistema administrativo al agrupar varias ciudades bajo una administración regional dirigida por un general. Estas mejoras se hicieron para asegurar su posición y preparar sus defensas en caso de invasión.

En 286, Demetrio llegó a Mileto, ubicada en la costa occidental de Asia Menor, ansioso por luchar. Sin embargo, estaba a punto de atacar una región que había disfrutado de aproximadamente quince años de desarrollo y una administración bien organizada. La mayoría de las ciudades estaban controladas por la población local, y Lisímaco era algo popular, aunque no muy querido. La imagen de Demetrio como liberador no tuvo efecto sobre ellos, y en muchas ciudades, ni siquiera fue bienvenido. Sin embargo, ser el hijo de Antígono todavía tenía algo de peso en ciertas áreas. Varias ciudades se le unieron, pero no tantas como le hubiera gustado. En cambio, Demetrio puso de rodillas por la fuerza a gran parte de la región.

Muchos de los soldados y oficiales de Lisímaco se unieron a Demetrio porque no estaban dispuestos a luchar contra él. Sin embargo, tan pronto como se vio obligado a enfrentar a Agatocles (el hijo de Lisímaco) en el campo de batalla, Demetrio se retiró y perdió la mayor parte de lo que ganara durante su corta campaña en Asia.

Demetrio marchó hacia Irán, buscando la ayuda de los líderes locales que habían apoyado a su padre en el pasado. Fue un movimiento desesperado que demostró que no era un hábil conquistador como Seleuco.

Demetrio aprendería que construir un imperio no se trataba solo de forjar alianzas y conquistar nuevas tierras. Gobernar un imperio requería la administración diaria de un sistema complejo. Su falta de habilidad fue el defecto fatal que le impidió tener éxito en Macedonia, así como en Asia Menor.

Demetrio no logró obtener la ayuda que buscaba. Pasó un invierno difícil en Anatolia, después de lo cual fue capturado por Seleuco y llevado a Siria en el año 286. Allí se encontraría con su final, pero no por la espada. Seleuco le permitió vivir con cierta libertad y ciertos lujos acordes con su posición. En 283, Demetrio moriría por beber en exceso.

# Capítulo 7 - El Fin de una Era

Cronología:
1. 285: Lisímaco se convierte en rey de Macedonia
2. 283/2: Asesinato de Agatocles a manos de Lisímaco
3. 281: Batalla de Corupedio entre Lisímaco y Seleuco; muere Lisímaco

Mientras Demetrio estaba ocupado con su nueva campaña en Asia, su hijo Antígono II Gónatas fue acusado de ocupar varios cargos en Macedonia, así como en parte de Grecia, incluidas Corinto y Demetrias. Al mismo tiempo, Lisímaco tomó el control del este de Macedonia, mientras que Pirro tomó los territorios occidentales. Sin embargo, el dominio de Pirro no duraría mucho, ya que Lisímaco lo expulsaría en casi enseguida. Pirro continuó sus intentos de capturar varias posiciones estratégicas de Demetrio en Grecia, pero no tuvo éxito. Se vio obligado a retirarse a sus territorios en el oeste de Grecia, que eran suyos por derecho y apoyados por los etolios.

Lisímaco se forjó un nuevo imperio que incluía Tracia, Macedonia y la mayor parte de Asia Menor. Su poder e influencia se volvieron mayores que los de Ptolomeo, y en este aspecto, incluso rivalizó con Seleuco. Sin embargo, el imperio no estaba tan solidificado como hubiera querido. Las principales razones por las que pudo mantenerse unido fueron la nobleza rica que apoyó sus esfuerzos, los gobernantes locales que controlaban muchas de las ciudades de Asia Menor y la lealtad de los militares.

Durante el apogeo de su imperio, Lisímaco era un anciano y sabía que necesitaba entrenar a su sucesor. La élite, la administración imperial y el ejército tuvieron que apoyar su elección para mantener la integridad del imperio. Por otro lado, Seleuco resolvería sus problemas de sucesión. Nunca se uniría a la familia de Antípatro como lo habían hecho otros gobernantes. En cambio, se había casado con una iraní llamada Apama y tuvo un hijo con ella alrededor del 324 o 323 a. C. Entonces, para el año 290, Seleuco ya tenía un hijo maduro, Antíoco, que fue aceptado por las poblaciones locales. Además, lo llamó "rey", y gobernaron juntos.

En cuanto a Ptolomeo, no tuvo tanta suerte como Seleuco. Él era parte de la familia de Antípatro, se había casado con su hija, Eurídice, y había engendrado varios hijos e hijas con ella. Además, tomó una nueva esposa y con ella engendró al menos tres hijos más. Tenía muchos sucesores que planeaba usar para establecer alianzas con los otros gobernantes, de la misma manera que Antípatro. El problema era que tener varios hijos de dos esposas diferentes conduciría inevitablemente a que rivalizaran entre ellos. Su primera esposa, Eurídice, dejó la corte con su hijo mayor para evitar cualquier complot de Berenice I, la segunda esposa de Ptolomeo. Se establecieron en Mileto, lejos de Egipto. En el año 285, Ptolomeo nombró a su hijo Ptolomeo Filadelfio (que tuvo con Berenice) como su sucesor, y le otorgó el título real. Al mismo tiempo, Ptolomeo introdujo a Lisímaco en su familia ofreciéndole la mano de su hija mayor en matrimonio.

Eurídice entró en el mismo juego de ligar a los gobernantes a su familia usando a sus hijas. Cuando Demetrio llegó a Mileto en 286, listo para comenzar su campaña asiática, Eurídice se le acercó para ofrecerle a su hija Ptolemaida. Ella ya había asegurado una alianza matrimonial con Lisímaco ofreciéndole a su otra hija a Agatocles. Eurídice se estaba asegurando de que estaría del lado del ganador, sin importar quién tendría éxito en el conflicto.

Desafortunadamente, el destino de Demetrio estaba sellado. Después de su captura y posterior muerte, su esposa desapareció de los registros. Sin embargo, Eurídice todavía tenía a Agatocles, pero ya estaba perdiendo su terreno ante Berenice. Lisímaco era un anciano, y la hija de Berenice, Arsínoe II, ejercía una gran influencia sobre él. Mientras su hijo gobernaba sus territorios en Asia Menor, ella estaba envenenando su mente con pensamientos de traición. Arsínoe estaba convenciendo lentamente a Lisímaco de que su hijo lo traicionaría y tomaría su lugar. Agatocles estaba demasiado lejos de su padre para poder defenderse de acusaciones tan absurdas. No tenía nada que ganar conspirando contra su padre porque ya gobernaba el imperio a su lado y estaba a punto de heredarlo a su muerte. Lamentablemente, Lisímaco cayó en la trampa que le sugería su esposa. Agatocles fue ejecutado en el 284; por lo tanto, Eurídice perdió la alianza que había desarrollado con esa casa. Estas acciones fueron devastadoras para el imperio, que dependía en gran medida de las relaciones bien establecidas entre los reyes y las administraciones locales. No hubo sucesor digno de la lealtad de la élite.

Después de la batalla de Ipsos en 301, Seleuco continuó enfocándose en el desarrollo de su imperio estableciendo un nuevo sistema administrativo capaz de organizar un gran territorio y muchos ciudadanos. Comenzó a levantar nuevas ciudades para reforzar su dominio sobre la tierra y demostrar que era superior al fallecido Antígono. Su hijo, Antíoco, fue acusado de gobernar sobre la Mesopotamia, así como las Satrapías superiores, un término usado para referirse a las satrapías iraníes. El enfoque principal en el Imperio seléucida estaba en la infraestructura.

Dado que los territorios se dividieron y cada gobernante se centró en sus intereses después de la batalla de Ipsos, Seleuco aceptó las circunstancias, ya que esto le permitiría proseguir con sus objetivos sin mucha interferencia. Estaba satisfecho con Lisímaco como su vecino siempre que no desafiara su gobierno, y Seleuco no tenía ninguna razón para ir contra Ptolomeo. De hecho, en el 286, se unieron para detener las ambiciones de Demetrio. Ptolomeo debilitó sus fuerzas navales capturando Chipre y varias de sus ciudades portuarias, y lo que es más importante, logró tomar el control de la federación de ciudades-estado griegas que Demetrio había formado.

El statu quo comenzó a cambiar alrededor del año 284, con la muerte de Agatocles. Además, en 282, Ptolomeo falleció debido a su avanzada edad. Seleuco estaba sorprendido por la ejecución de Agatocles, y no sabía si podía confiar en el heredero de Ptolomeo. Todo este amenazante caos en ambos imperios apareció como una nueva oportunidad para Seleuco. Durante años, había deseado el control de los territorios que lideraban los otros gobernantes, y en 282, finalmente pudo actuar invadiendo Asia Menor ya que el imperio de Lisímaco era vulnerable y estaba listo para que se lo apropiaran.

En ese momento, Seleuco era un anciano de setenta años. No tenía tiempo de sentarse y sopesar sus opciones. Intentaría perseguir su sueño o vacilaría y moriría de viejo. Existe muy poca información sobre su campaña militar en Asia Menor, pero hay fuentes que muestran que Seleuco llegó a Corupedio en 281, donde se enfrentó al ejército de Lisímaco. Lisímaco murió en la batalla debido a una jabalina, según Memnón de Heraclea, un historiador griego. Lisímaco no tenía sucesores para heredar su trono, y su imperio no tenía ninguna razón para seguir el ejemplo de su esposa, especialmente después de la terrible muerte de Agatocles. Seleuco fue recibido como el vencedor. No había otra opción.

Después de la batalla, Seleuco comenzó a marchar hacia Macedonia mientras en su camino negociaba con las administraciones locales. La muerte de Lisímaco también significaba la muerte del rey de Macedonia. Seleuco mismo también era macedonio y el último camarada sobreviviente de Alejandro Magno. El trono le pertenecía, y fue a reclamarlo. Su destino estaba a su alcance; sin embargo, tan pronto como pisó suelo europeo, Seleuco fue asesinado. El último de los grandes generales estaba muerto. Este asesino se llamaba

Ptolomeo Cerauno, el hijo de Eurídice. La vieja generación de gobernantes había terminado, pero una nueva tomó su lugar, ya que el joven Ptolomeo Cerauno fue coronado como rey de Macedonia.

# Capítulo 8 - Un Nuevo Comienzo

Cronología:

1. 279: Ataques celtas contra Macedonia y Grecia; muerte de Ptolomeo Cerauno
2. 277/6: Antígono II Gónatas se convierte en rey de Macedonia
3. 267: Comienza la guerra de Cremónides
4. 262: Atenas se rinde; fin de la guerra de Cremónides

Después de la muerte de los gobernantes macedonios llega un período de oscuridad. Solo hay fragmentos de documentos históricos que describen los siguientes sesenta años después de la Batalla de Corupedio en 281. La mayor parte de la información de hoy está tomada de historiadores posteriores que relataron los eventos basándose en la evidencia que tenían en ese momento.

Después de la muerte de Seleuco, Ptolomeo Cerauno tomó el control de los territorios europeos de Lisímaco. Su gobierno fue aceptado por la élite y por la población local porque era el nieto de Antípatro. Por tradición, tenía todo el derecho de reclamar estas tierras. Al mismo tiempo, el hijo de Seleuco, Antíoco, todavía estaba vivo y bien; sin embargo, estaba ocupado reclamando sus derechos sobre los territorios asiáticos del antiguo Imperio Seléucida.

No obstante, otros potenciales contrincantes todavía representaban una amenaza. El hijo de Demetrio, Antígono II Gónatas, ya se estaba armando su territorio para erigirse él mismo como rey. Además, el hijo de Lisímaco, Ptolomeo Epígono, constituía una amenaza potencial para el trono de Macedonia. De estos pretendientes, Antígono II Gónatas sin duda era el más poderoso, ya que gobernaba sobre Corinto, Pireo, Demetrias y Calcis, y aún mantenía a parte de la armada de su padre. Además, tenía una hermana, Estratónice, que una vez fuera esposa de Seleuco, pero que se convirtiera en la esposa de Antíoco en 294 a. C., por lo tanto, tenía un aliado potencial.

Sin embargo, Ptolomeo Cerauno, pudo lidiar con estas amenazas mientras solidificaba su posición. Su padre le dejó una gran flota de barcos en los Dardanelos, y pudo usarlos para derrotar a Antígono II Gónatas y negociar con Antíoco. Poco después, también trató con Ptolomeo Epígono. Sin embargo, el logro más importante de Ptolomeo Cerauno fue asegurar una relación amistosa con Pirro a cambio de varias tropas y elefantes de guerra. Pirro estaba a punto de partir hacia Italia, donde llevaría a cabo una campaña de cinco años contra los romanos, quienes, en ese momento, eran una federación bastante pequeña de ciudades-estado italianas. La posición de Ptolomeo Cerauno en Macedonia era sólida, ya que todos los contrincantes fueron derrotados o se hallaban ocupados en otros lugares.

No mucho después de asegurar su territorio, Ptolomeo Cerauno estaba a punto de enfrentar su primera amenaza real. Los invasores galos se apiñaban en los Balcanes y Asia Menor. Una facción estaba tratando de llegar a Tracia, mientras que otras dos estaban invadiendo Macedonia y Grecia a través de diferentes rutas. Se sentían atraídos por la enorme riqueza y recursos reunidos en Macedonia y los territorios de Asia Menor. Ptolomeo Cerauno se encontró con una de las facciones lideradas por un hombre llamado Bolgio. Desafortunadamente para Ptolomeo II, su fuerza militar no estaba preparada para ir contra los galos, ya que todavía se estaban recuperando de otras batallas. Además, cometió el error de entregar una parte de sus tropas a Pirro. Este conflicto resultó en su total derrota y muerte. Macedonia estaba sumida en el caos, y no podía prepara una gran defensa a tiempo. Se formó rápidamente un nuevo ejército, pero llegaron refuerzos galos. Dos grupos liderados por Breno y Acicorio marcharon a través de Macedonia en 279, para hacerse de las ciudades griegas.

Hay una pequeña brecha en la historia sobre la invasión gala, pero continúa con la valiente resistencia de varias ciudades-estado griegas contra Breno. Antígono II Gónatas y Antíoco estuvieron presentes en el conflicto, ayudando a los griegos mediante la financiación de varios soldados mercenarios. Los dos gobernantes formaron una alianza, con la esperanza de repeler a los invasores y ganar algo de prestigio. Algunos relatos históricos del período muestran que se enfrentaron a una fuerza invasora de 20.000 hombres; sin embargo, no hay evidencia que muestre que los macedonios fueran superados en número. Sin embargo, los galos tuvieron un efecto intimidante en los ejércitos helenísticos, debido a su estilo de lucha feroz y apariencia aterradora.

Al encontrarse con una gran resistencia, los galos cambiaron su estrategia y volvieron parte de su atención hacia la Liga Etolia. Tuvo lugar una masacre en la ciudad de Calión, donde los etolios no estaban para nada preparados. Sin embargo, los galos subestimaron a los defensores. El nivel de cruel destrucción que dejaron los galos enfureció a la gente de la montaña. Hicieron una campaña de guerrilla en las montañas, atacando al ejército galo. Incluso las mujeres etolias participaron en estas escaramuzas. Los galos sufrieron muchas pérdidas en ese frente. Mientras tanto, Breno y Acicorio marcharon a Delfos con el plan de saquear el santuario de Apolo. Los etolios continuaron hostigando a los invasores hasta que el clima invernal hizo mella en los galos. Era otoño cuando se produjeron nevadas prematuras y tormentas invernales. Estos actos de la naturaleza envalentonaron a los griegos y los macedonios. Creían que el mismo Apolo había venido a ayudarlos en las batallas. Durante la defensa de Delfos, Breno resultó herido y los galos se vieron obligados a retirarse. Breno finalmente murió a causa de sus heridas, y el resto de sus tropas se dirigieron al norte, renunciando a cualquier sueño de saqueo.

La mayoría de los galos se retiraron al Danubio, donde formaron el Reino de Tilis. Desde allí, continuaron atacando las costas griegas. Algunos de ellos permanecieron en Grecia y Macedonia, donde se unieron a los ejércitos mercenarios pertenecientes a la élite rica. Sin embargo, un grupo marchó a Asia Menor, donde lucharon brevemente con Antígono II Gónatas antes de disolverse también en ejércitos mercenarios.

Poco después de la derrota de los galos, la Liga Etolia comenzó a expandirse por el centro de Grecia porque no había nadie que pudiera oponerse a ellos. Antígono II Gónatas, que en ese momento era oficialmente el rey de Macedonia, estaba ocupado solidificando su posición, y aparentemente ignoró la nueva expansión. Prefirió mantener relaciones amistosas con la Liga Etolia en los próximos años. Durante ese tiempo, reforzó sus fuerzas navales con la ayuda de Antíoco. Su ascenso como potencia naval le recordó a la gente a su padre, Demetrio. La casa de Ptolomeo vio esto como una amenaza potencial, y Ptolomeo II Filadelfo estaba cada vez más preocupado.

Oficialmente, Ptolomeo II Filadelfo estaba casado con su hermana, Arsínoe II, que había estado casada con dos reyes macedonios, Ptolomeo Cerauno y Lisímaco. Arsínoe aún conservaba sus ambiciones en Macedonia. Algunos historiadores piensan que ella pudo haber sido la razón por la cual Ptolomeo II Filadelfio desarrolló un odio hacia Antígono II Gónatas. Esta animosidad se reflejó en sus políticas. Usando la influencia de su esposa, Ptolomeo II forjó una alianza con Atenas y Esparta, y la élite de las ciudades griegas comenzó a desarrollar una liga que se opondría al dominio macedonio.

En 268, Cremónides, un estadista ateniense, emitió un decreto que sugería la creación de una alianza entre Atenas, Esparta y Ptolomeo II. Estimuló a la asamblea griega usando del patriotismo, dando un ejemplo de cómo Esparta y Atenas enfrentaron a Persia juntos durante dos siglos antes. Una vez se habían unido para preservar su independencia mientras enfrentaban a un poderoso adversario, y podían hacerlo nuevamente. Cremónides también afirmó que enfrentaban la misma situación que podría conducir a la pérdida de la libertad ateniense. El famoso Decreto de Cremónides no mencionaba quién se suponía que era el enemigo común. Sin embargo, comparó a este enemigo con Jerjes, y el único hombre que amenazaba lo suficiente en ese momento era Antígono II Gónatas, el rey de Macedonia. Los griegos no querían a Antígono II porque aplicaba los mismos métodos de control que Jerjes. Las ciudades griegas bajo su gobierno estaban aseguradas y controladas por sus guarniciones militares, y se les quitaban sus libertades y su derecho de reunión.

El Decreto de Cremónides, del cual nacería una nueva alianza, pronto condujo a una nueva guerra, apodada la guerra de Cremónides.

Antígono II tenía un poder significativo cuando se trataba de batallas terrestres. Corinto era una de las principales ciudades que prohibía el avance de los griegos y su nueva alianza. Además, sus propios territorios griegos estaban bien conectados con Macedonia debido a su pacto amistoso con los etolios. Por otro lado, el poder principal de Ptolomeo era su armada. Sus guarniciones estaban dispersas en varias islas, y le habría resultado difícil reunir una fuerza terrestre significativa, incluso cuando contaba con los atenienses. Antígono II tenía la ventaja de una mejor infraestructura terrestre y un mayor número de bases militares cercanas entre sí. Sin embargo, en 267, se produjo una batalla, comenzando con la fortaleza en Ramnonte.

En los próximos cinco años siguieron una serie de batallas y bloqueos navales. La coalición se aprovechó de su armada superior, pero resultó ser insuficiente debido a la ventaja de Antígono II en tierra. Los bloqueos navales resultaron ser casi inútiles porque las guarniciones macedonias simplemente podían resistir hasta que recibieran refuerzos por tierra. Para el año 261, después de muchas batallas, grandes pérdidas para la alianza y falta de progreso, Atenas se rindió. Toda la campaña fue una pesadilla logística de la que no ganaron nada. Cremónides dejó la ciudad y se retiró a Alejandría. La coalición perdió y, como resultado, Atenas quedó nuevamente bajo el control de una guarnición militar macedonia. La ciudad permanecería bajo el dominio macedonio durante las próximas tres décadas. Varias fortalezas griegas también fueron tomadas por Antígono II. El intento fallido de la coalición de eliminar la amenaza macedonia tuvo el efecto contrario de lo que querían los griegos. Gracias a los esfuerzos de Cremónides para comenzar esta guerra, una vez más Antígono II capturó nuevas ciudades en Grecia y solidificó el control macedonio dentro de la región.

# Capítulo 9 -Europa después de la Guerra de Cremónides

Cronología:

    1. 239: Muerte de Antígono II Gónatas; Demetrio II hereda el trono

    2. 235: Megalópolis se une a la Liga Aquea; Cleómenes III se convierte en el nuevo rey de Esparta

    3. 229: Muerte de Demetrio

Esta parte de la historia helenística está envuelta en misterio, ya que ha sobrevivido muy poca información. Lo que se sabe es que, en los años siguientes, Macedonia solidificó su posición de poder en el mundo helenístico. La Liga Aquea de ciudades-estado griegas en el Peloponeso se convirtió en una fuerza acreditada y siguió siendo desafiante para el rey de Macedonia. Esparta se retiró de su antigua posición de poder como resultado de la fallida campaña contra Antígono II.

La Liga Etolia se expandió a un ritmo constante sin ningún conflicto militar. Sin embargo, la piratería se convirtió en un grave problema en la región. Para mejorar su posición, los etolios comenzaron a extender su protección a otros estados que mantenían relaciones amistosas con ellos. En los siguientes veinte años, las dos coaliciones de estados griegos se convirtieron en poderes significativos en la política regional. Crearon una especie de alianza que rivalizaba con Macedonia.

Antígono II pudo haber solidificado su poder con el agregado de guarniciones macedonias en cada ciudad e instalando tiranos locales, pero aún no podía controlar la mayor parte de Grecia. Además, Ptolomeo II Filadelfo (y luego Ptolomeo III Evergetes) apoyaba a la Liga de los aqueos ofreciéndoles importantes recursos financieros para impulsar sus fuerzas armadas y expandir sus territorios.

La financiación prolongada resultante de las políticas de Ptolomeo II condujo a una nueva expansión aquea. Una de las acciones más notables fue la eliminación de la guarnición en Corinto. En el pasado, la ciudad había tenido éxito contra la coalición de atenienses, espartanos y Ptolomeo II Filadelfo; sin embargo, a través de una exitosa operación encubierta, la Liga Aquea tomó el control de ella. Otras ciudades pronto siguieron.

Uno de los mayores cambios en el panorama político helenístico de la época ocurrió en 239 cuando Antígono II murió a la edad de ochenta años. Su hijo, Demetrio II, heredó el trono bajo la guía de su suegra, Olimpiada II de Epiro, y como resultado los intereses y políticas de Macedonia comenzaron a cambiar. Olimpia no confiaba en los etolios, y poco después de la coronación de Demetrio, comenzó una nueva guerra.

Apodada la Guerra Demetria, las acciones de Demetrio hicieron que las dos ligas griegas formaran una alianza de conveniencia. Su cooperación fue exitosa ya que ambos comenzaron a expandirse aún más al capturar varias ciudades y fortalezas macedonias. Una de las mayores victorias fue obtener la ciudad de Megalópolis sin luchar. Lidiadas gobernaría Megalópolis como un tirano, pero era partidario de los intereses de Macedonia. Sin embargo, en 235, se encontró aislado del resto del reino, por lo que decidió unirse a la Liga aquea. Esta maniobra demostró ser beneficiosa, ya que obtuvo una posición poderosa en la coalición. Los habitantes no se opusieron, ya que cada vez estaban más preocupados por sus vecinos espartanos que comenzaban a mostrar nuevos signos de hostilidad. Megalópolis se unió a la liga para obtener un mayor grado de protección contra sus enemigos históricos, los espartanos.

En 235, Esparta estaba pasando por un estado de cambio cuando un nuevo rey subió al poder, Cleómenes III. Su objetivo era convertir a Esparta en una fuerza dominante en la península. Dado que la Liga Aquea continuó su expansión dando la bienvenida a Megalópolis y a otras ciudades vecinas, se convirtieron en el foco de Esparta. Los dos poderes eran vecinos, y la confrontación no podía evitarse por mucho tiempo. Ambos líderes deseaban afirmar su dominio sobre el Peloponeso.

Existe muy poca información sobre las acciones de Demetrio II durante ese período de conflicto. Lo que se sabe, sin embargo, es que no tuvo éxito contra la Liga Etolia. Al mismo tiempo, una tribu de ilirios conocida como Ardiaei comenzó a saquear a lo largo de las costas del Peloponeso, así como en la región interior de Epiro. Demetrio esperaba aprovechar la situación y usar su influencia para negociar la paz entre los invasores y los ciudadanos de Epiro. Tuvo éxito y convenció a Epiro para que aceptara a los ilirios para ayudarlos a luchar contra los etolios. Bajo el liderazgo de Agrón, los ilirios comenzaron una campaña agresiva contra los etolios; Sin embargo, algunos de ellos continuaron con las redadas a lo largo de la costa.

En 231, Agrón murió, y su esposa, Teuta, asumió su cargo anterior y continuó el acuerdo que hiciera su esposo. En 230, lanzó una campaña grande y agresiva contra la Liga Etolia. Epiro tampoco se libró, ya que los ilirios decidieron capturar su ciudad capital, que fue defendida por un pequeño número de mercenarios celtas. Los ciudadanos ya no querían involucrar a Demetrio, y buscaron la ayuda de las dos ligas. Ambos acordaron ayudar a los Epirotas enviando sus ejércitos para expulsar a los ilirios. Sin embargo, no tuvieron el éxito que esperaban. Sufrieron una serie de pérdidas en barcos y tropas mientras intentaban derrotar a las defensas ilirias en Corfú.

Mientras los ilirios seguían siendo una amenaza, Demetrio II continuó perdiendo terreno en el sur. Las dos ligas demostraron ser una alianza formidable que fue reconocida como una de las principales potencias en el mundo helenístico. Continuaron tomando territorio macedonio, y no todos por la fuerza. Su reputación convenció a varias ciudades, incluidas algunas de Tesalia, a abandonar el dominio macedonio y unirse a ella.

En 229, la situación en Macedonia se degradó aún más con la muerte de Demetrio II. Se desconoce la causa, pero se supone que es el resultado de su guerra en el norte contra los Dardani. El hijo de Demetrio, Filipo V, era demasiado joven para gobernar, por lo que su primo, Antígono III Dosón, fue nombrado regente.

La pérdida de Tesalia fue un duro golpe para Macedonia. Los atenienses ahora estaban envalentonados para expulsar a las guarniciones de Macedonia, a pesar de que se habían resistido a las dos ligas. Diógenes, el comandante de la guarnición, reconoció el debilitamiento del poder macedonio en la región, y abrió conversaciones con los atenienses. Acordó retirarse de la ciudad con la condición de que sus tropas y la evacuación fueran pagados por los ciudadanos. Los atenienses lograron recaudar los fondos necesarios a través de contribuciones personales, y a todos los soldados macedonios se les pagó para abandonar Atenas, así como una serie de puestos de avanzada que rodeaban la ciudad. Además, a Diógenes se le otorgó la condición de ciudadano ateniense.

Después de que los atenienses se liberaron una vez más, la Liga aquea esperaba llevar a la ciudad a su alianza de estados, haciendo una contribución al tesoro de la ciudad para ayudar a que Atenas se uniera. Sin embargo, Atenas decidió permanecer neutral. Los atenienses debían tener cuidado porque estaban en un estado precario. Si se unían, se arriesgaban a provocar la ira del regente macedonio, por lo que se negaron a formar una colaboración con cualquiera de sus enemigos. Por otro lado, otras ciudades griegas y macedonias tomaron la decisión de ingresar voluntariamente a la liga.

Esto condujo a una mayor tasa de expansión de las dos ligas, y Macedonia se vio obligada a girar hacia adentro y defenderse.

# Capítulo 10 -Egipto y la Dinastía Ptolomeica

Cronología:

246: Muerte de Ptolomeo II Filadelfo

Ptolomeo II Filadelfo no participó en la batalla de Corupedio en 281. Sin embargo, el rey de Sidón estuvo presente con el apoyo de la Liga Nesiótica (o Liga de los Insulares) en el Egeo. Ptolomeo II tenía el control de esta coalición de islas, y después de la caída de Lisímaco en la batalla, usó su influencia para tomar el control de Samos. Además, hizo cumplir su autoridad sobre Mileto mientras Antíoco I estaba ocupado organizando sus territorios después de la muerte de su padre.

En el período siguiente, Ptolomeo II se centró en solidificar sus nuevos territorios costeros en Asia Menor y desarrollar relaciones amistosas con las islas de Rodas y Cos. Durante este tiempo, el dominio ptolemaico disfrutó de la libertad de expandirse sin ninguna oposición seria del Imperio Seléucida u otros adversarios potenciales. En otras palabras, Egipto estaba a punto de experimentar una edad de oro bajo la dinastía ptolemaica.

En Egipto, Ptolomeo II comenzó a hacer cumplir las tradiciones y políticas de los antiguos gobernantes macedonios mezclando las dos culturas. Comenzó proyectos de construcción de templos en todo el territorio, que más tarde continuaría con Ptolomeo III. Además, también comenzó una iniciativa educativa. Egipto carecía de las instituciones que conducían a la mejora de la calidad de vida helenística. Al principio, los soldados de Ptolomeo II ya de vuelta, comenzaron a financiar sus escuelas siguiendo el estilo europeo. Poco después, la administración tomó nota de esta iniciativo y tomó medidas para alentar este emprendimiento. Por ejemplo, Ptolomeo II eliminó los impuestos sobre la sal para los maestros griegos, que generalmente tenían que pagar todos los que vivían bajo su gobierno. Además, los festivales y eventos deportivos griegos fueron alentados y financiados por la élite. Los atletas y entrenadores griegos recibían los mismos beneficios del gobierno.

Durante este período, se desarrollaron nuevos centros urbanos en Egipto. Ptolomeo II trajo a muchos inmigrantes griegos para colonizar la tierra. Ptolomeo y Alejandría son los ejemplos más destacados de nuevos asentamientos griegos. Ptolomeo se hizo notable por su énfasis en la cultura griega y el culto a Dioniso. Músicos griegos, actores, poetas y bailarines también acudieron al nuevo centro cultural. Por otro lado, Alejandría se expandió rápidamente a medida que la región experimentaba un auge económico masivo. Ser una ciudad portuaria importante atrajo una gran cantidad de comercio para Egipto. Además, Ptolomeo financió la construcción del famoso Faro de Alejandría. Este proyecto condujo a mejoras en la navegación y a una mayor expansión de los muelles y depósitos. En los años siguientes, se financiaron y construyeron otras instituciones, como una academia de ciencias y una biblioteca. Esta biblioteca, más tarde se convertiría en la más grande del mundo, conocida hoy como la Gran Biblioteca de Alejandría. La vida de la ciudad estaba dominada por la cultura, la ciencia, la religión y los deportes griegos. El propósito de Ptolomeo II para esta ciudad era atraer a la mayor cantidad posible de inmigrantes griegos ofreciéndoles algo que era muy raro en el mundo helenístico. La gran ciudad también atrajo a varios judíos, mezclando así el ambiente griego con influencias egipcias y judías. Alejandría se convirtió en una ciudad diversa, lo que resultó en la traducción griega de los textos sagrados llevados por los miembros de la fe judía.

La dinastía ptolemaica se fusionó con el ambiente egipcio tanto como con el griego. Los egipcios siempre habían valorado a su faraón porque era más que solamente su líder político y representante; era una conexión con lo divino que era crucial para el equilibrio y el orden en la sociedad. Esto también quería decir que Ptolomeo II Filadelfo tenía que asumir ese papel. Su posición le exigía participar y dirigir una serie de ceremonias religiosas y culturales, y también tenía que viajar a varios templos durante todo el año y realizar los rituales necesarios.

Al mismo tiempo, se dedicó al culto de Ptolomeo un festival griego. Era similar a los Juegos Olímpicos, y se organizaba una vez cada cuatro años. La élite comenzó una campaña política para promover los juegos de Alejandría en todo el mundo helenístico. Ptolomeo mismo quería que todos lo reconocieran como un equivalente legítimo de los Juegos Olímpicos. Este nuevo esfuerzo era costoso, y los líderes regionales dentro del Imperio Ptolomeico reconocieron la enormidad de monedas que tal evento les costaría, pero al ser sometidos a una enorme presión, todos tuvieron que aceptarlo. Tradicionalmente, los ganadores de las competiciones eran recompensados del tesoro de cada ciudad, lo que podía involucrar muchos recursos si participaban muchos concursantes. Para evitar este problema, la Liga de los Insulares se reunió y acordó compartir los costos y financiar a tres representantes que viajarían a Alejandría.

Enseguida después de la muerte de Lisímaco en 281, la hermana de Ptolomeo II, Arsínoe II, huyó de la corte de Lisímaco a la de su hermano Ptolomeo Cerauno en Macedonia. Tras el asesinato de sus dos hijos por Ptolomeo Cerauno, Arsínoe II huyó de Macedonia a Egipto en algún momento entre 280 y 273 a. C. Él quedó inmediatamente fascinado por ella, y la tomó como esposa, a pesar de que ella era su hermana. Al hacer esto, tuvo que repudiar a su primera esposa, Arsínoe I, exiliándola a Coptos en el Alto Egipto. En

Egipto, el matrimonio entre hermanos no estaba fuera de lo común; sin embargo, los griegos y macedonios cuestionaron tal comportamiento. Si bien matrimonio de esta naturaleza estaba normalmente prohibido en el mundo helenístico, habría muchos más en la dinastía ptolemaica. Otra característica inusual de este matrimonio fue que la esposa de Ptolomeo compartía responsabilidades señoriales, lo cual era único en la historia de la dinastía. Hay muchos ejemplos de este tipo en la historia de Macedonia, pero con este movimiento, Ptolomeo II también había sentado un precedente para futuras reinas con la suficiente ambición de gobernar Egipto por su cuenta.

Algunos de los griegos todavía desafiaban el matrimonio entre hermanos, pero Ptolomeo II lo usó para su ventaja. Argumentó que los dioses divinos estaban de su lado y que solo habían hecho lo mismo que Zeus y Hera, que también eran hermanos y estaban casados entre sí. De hecho, Ptolomeo dio un paso adicional para consagrarse a sí mismo y a su esposa al crear el culto de "Dioses que aman a los hermanos". Nuevos rituales, ceremonias y festividades tuvieron lugar en su nombre en todo Egipto. Una vez que Arsínoe II murió en 270, su culto fue promovido por el estado en todo el reino. Se erigieron templos en su nombre, incluso en Alejandría, y se convirtió en una diosa tanto para los egipcios como para los griegos.

Cuando Ptolomeo II Filadelfo murió en 246, el culto religioso que rodeaba a su familia estaba bien establecido en las mentes y los corazones de los griegos y egipcios. Mientras que otras ciudades helenísticas tenían sus propios cultos dedicados a ciertos héroes como Alejandro Magno, simplemente se crearon como un signo de honor y respeto. El culto a Ptolomeo y Arsínoe II fue completamente diferente. Se convirtió en un símbolo de lealtad y poder para la élite griega y egipcia.

En los años posteriores, Ptolomeo III desarrollaría aún más el culto. Se firmó un nuevo decreto para una reunión de todos los sacerdotes en el día de su cumpleaños. En estos sínodos, se decidió difundir aún más el culto enfocándose específicamente en Ptolomeo III y su esposa, Berenice II. Fueron nombrados "Dioses Benefactores", y sus rostros y títulos se grabaron en numerosas tabletas que luego se colocaban en cada templo. Además, los sacerdotes egipcios tuvieron que usar el título de Dioses Benefactores junto con los suyos (por ejemplo, Sacerdotisa de Isis y de los Dioses Benefactores). Su condición oficial se utilizaría en todos los documentos del estado, así como en los objetos sagrados utilizados por los sacerdotes. Poco después, la pareja real se aseguró de que su culto nunca desaparecería en la oscuridad al entrelazarlo en el calendario. Durante su gobierno Ptolomeo III, intentó reformar el calendario egipcio de 365 días agregando un día cada cuatro años para representar el año bisiesto solar con mayor precisión. Este día extra lo honraría a él y a su esposa como dioses equivalentes a los hijos de Nuit. La propuesta fue resistida por los sacerdotes y el pueblo egipcio, y fue abandonada hasta el establecimiento del calendario alejandrino por el emperador Augusto en el 25 a. C.

La pareja real no encontró resistencia para desarrollar su culto, principalmente porque eran benevolentes hacia los templos griegos y egipcios. Invirtieron en los viejos y también construyeron nuevos. Además, recuperaron las reliquias y los tesoros del templo que fueran tomados por los persas. Ptolomeo III devolvió todo a los templos. Además, el pueblo estaba de su lado debido a sus acciones durante una de las mayores hambrunas causadas por una inundación en el bajo Nilo. Normalmente, Egipto producía suficiente comida para alimentar a otros reinos e imperios. Sin embargo, durante la época de la hambruna, Ptolomeo inmediatamente comenzó a importar granos de Siria, Chipre y otros territorios helenísticos. El costo de estas importaciones fue enorme, pero garantizaron el eterno agradecimiento de la población. Ptolomeo usó la crisis para mostrarles a los sacerdotes y al pueblo que podía poner orden en el caos, al igual que los antiguos faraones. Bajo su reinado, Egipto continuó prosperando.

# Capítulo 11 – Cambio en Egipto

Cronología:

    1. 1. 221: Ptolomeo IV Filopátor se convierte en rey de Egipto
    2. 2. 219: Antíoco III ataca a Seleucia por el mar
    3. 3. 217: Paz entre Ptolomeo IV y Antíoco III

Ptolomeo IV Filopátor ascendió al trono de su padre en el año 221, cuando tenía cerca de 23 años, después de que su padre muriera el año anterior. Su sucesión al trono no quedó sin respuesta. Su madre, Berenice II, quería que su hijo menor, Magas, gobernara en su lugar. Algunos cortesanos favorecieron a Lisímaco, el hermano del difunto Ptolomeo III. A pesar de todas estos aspirantes al poder, había un hombre que logró llevar a Ptolomeo IV a la sucesión. Su nombre era Sosibio, un alejandrino que había sido favorecido por el difunto rey. Se las arregló para organizar en poco tiempo la muerte de Lisímaco, Magas y Berenice II. Estos actos catapultaron la influencia de Sosibio en la corte, y con Ptolomeo IV en el trono, nadie podía desafiarlo. Agatocles, un amigo personal suyo, también ascendió al poder, y junto con Sosibio, era considerado como el gobernador del Egipto ptolemaico.

Ptolomeo IV fue el primer gobernante de la era helenística que se consideraba inadecuado, ya que prefería los placeres privados a los asuntos del estado. No tenía interés en la política y confiaba en que sus ministros llevaran a cabo todos sus deberes públicos. Estabilizó la dinastía al casarse con su hermana menor, Arsínoe III, monopolizando así todo el poder. El hecho de que Ptolomeo IV no participara activamente en la política no afectó la estabilidad de Egipto. Esto se debió a las sólidas políticas y la burocracia administrativa de la corte egipcia establecida por sus predecesores. Sosibio resolvía rápidamente cualquier situación sin precedentes que necesitaba ser tratada.

Una nueva guerra comenzó cuando en 219 el gobernante del Imperio seléucida, Antíoco III, atacó con éxito a Seleucia por el mar, que en ese momento estaba bajo control ptolemaico. Antíoco continuó progresando por las tierras de Ptolomeo IV, aunque moviéndose con dificultad, encontrando resistencia en cada ciudad. Al final, logró tomar Tiro, pero estaba tan debilitado que no intentó atacar a Egipto. Comenzaron negociaciones infructuosas que solo sirvieron para que Sosibio ganara tiempo para reclutar más mercenarios y convencer a Ptolomeo IV de que se mostrara a las tropas y elevara su moral. Ptolomeo IV dirigió personalmente la expedición para recuperar Tiro. Al ver a su faraón, las tropas egipcias se inspiraron tanto que ganaron la batalla sin muchas pérdidas y aseguraron el control de Ptolomeo sobre Celesiria. Sosibio negoció con Antíoco III y le permitió mantener a Seleucia por mar.

Durante esta guerra, Sosibio dominaría los acontecimientos, aunque no estarían exentos de repercusiones. La estabilidad interna del estado ptolomeico estaba sufriendo. Las guerrillas rebeldes comenzaron sus ataques en todo el país y también luchaban contra el régimen ptolemaico. Estos ataques guerrilleros continuaron después de la muerte de Ptolomeo IV, quien sería el último gobernante de la dinastía en gobernar con facilidad sobre su reino heredado.

Ptolomeo IV también fue el último gobernante de la dinastía ptolomeica que jugó un papel importante en la política del área del Egeo. Su padre, Ptolomeo III, había establecido relaciones amistosas con los estados vecinos, especialmente con Atenas, una vez que la ciudad se había liberado del dominio macedonio. Las buenas relaciones con los vecinos permitieron a Ptolomeo IV mantener su presencia y prestigio en otras monarquías macedonias. También evitó que los reyes de la dinastía Antigónida y los seléucidas reunieran suficiente fuerza para amenazar los intereses del Egipto ptolomeico.

Sosibio y Agatocles tenían una visión menos agresiva sobre los asuntos en el área del Egeo, a diferencia de Ptolomeo III, especialmente después de ganar la guerra antes mencionada. Egipto actuó como mediador por la paz entre los estados griegos amigos y Antíoco III. En 217, los rodios, acompañados por representantes de Ptolomeo, lograron convencer a Filipo V para que negociara la paz. No se sabe por qué Egipto quería que Filipo hiciera las paces, especialmente porque en ese momento, la paz habría impactado negativamente sobre los intereses comerciales ptolomeicos en la política exterior. Ocho años después, cuando se desencadenara una vez más la guerra entre Filipo V y los etolios, Sosibio trabajó a favor de la paz. El deseo de Filipo V de fortalecer su influencia fuera de Macedonia y la muerte repentina de Ptolomeo IV en 204 llevó a la agitación política en Alejandría. Ambos hechos influyeron en la posición ptolomeica en la cuenca del Egeo. Las dinastías rivales macedonias, la Antigónida y la seléucida, gobernadas por Filipo V y Antíoco III, respectivamente, encontraron en ese momento, un terreno común y lograron construir una cooperación estratégica. Esto marca el comienzo de la última fase de la lucha por la supremacía en el mundo macedonio de la era helenística.

## Capítulo 12 - Asia

Cronología:
1. 223: Muerte de Seleuco III
2. 222: Muerte de Ptolomeo III
3. 220: Antíoco gana la guerra contra Molón
4. 217: Batalla de Rafia
5. 213: Antíoco captura Sardes

En 223, Seleuco III fue asesinado, habiendo gobernado durante poco más de dos años. Su ejército trató de persuadir a su tío, Aqueo, para que ascendiera al trono, pero se negó a favor del hermano menor de Seleuco, Antíoco III. Al principio, confió en sus ministros y asesores en asuntos de política, especialmente en Aqueo, a quien se le dio el mando de Asia Menor. El mando de las Satrapías superiores se le dio a Molón, que era general. El rey mismo se estableció en el centro de sus tierras, pudiendo dedicar así su atención a todos los rincones del imperio.

El nuevo rey tuvo que casarse, y encontró una esposa adecuada en Laodice III, la hija de Mitrídates II del Imperio Póntico. Era importante vincular el reino póntico independiente a la regla seléucida, y un matrimonio rápido era la forma más accesible. Después de apenas un año de matrimonio, Antíoco III tuvo su primer hijo y posible sucesor, que también fue llamado Antíoco.

Hermias era el primer ministro de Antíoco, y tuvo una gran influencia sobre la corte. También anhelaba fortalecer el poder seléucida en el sur de la Siria ptolomeica, conocida como Celesiria; esta área ahora forma parte de los modernos Líbano y Siria. Afirmó que, si el joven rey lideraba la campaña él mismo, obtendría el prestigio militar que tanto necesitaba y desanimaría a sus enemigos de desafiarlo. En ese momento, Celesiria era un objetivo atractivo porque la dinastía seléucida tenía un viejo reclamo, que se remontaba hasta Seleuco I y su éxito en Ipsos en 301. En 222, justo cuando Hermias comenzaba los preparativos militares para atacar a Celesiria, Molón proclamó que los medios eran independientes e incluso emitió monedas con su imagen y título. El consejo de Antíoco tomó la decisión de dividir las fuerzas y atacar a Celesiria mientras se enfrentaba a Molón en un segundo frente. El rey debía liderar las fuerzas y atacar a Ptolomeo III mientras sus generales lucharían en Mesopotamia. Sin embargo, la repentina muerte de Ptolomeo III en 222 hizo que el sur de Siria fuera aún más atractivo y, por lo tanto, Antíoco y Hermias comenzaron su campaña.

Molón logró derrotar al ejército que fue enviado contra él. Incluso ocupó Mesopotamia, incluida Seleucia en el Tigris, que era la capital dinástica. La seriedad de la amenaza de Molón se hizo evidente para el joven Antíoco III. Rompió la invasión de Siria y dirigió a sus ejércitos reales hacia Mesopotamia. En la primavera de 220, Antíoco salió victorioso y la guerra contra Molón había terminado. Molón se suicidó para evitar ser capturado, y su cuerpo fue crucificado. Antíoco ganó prestigio en la guerra contra Molón, y obtuvo el apoyo de su pueblo. Por otro lado, Hermias perdió su influencia y significado en la corte ya que se había mostrado hostil hacia los planes del rey de liderar personalmente al ejército a Mesopotamia. Esto condujo a su asesinato, que se justificó por el hecho de que estaba conspirando contra el rey. Antíoco estaba al tanto de la conspiración para asesinar a Hermias y no hizo nada para detenerlo. Haciéndolo, se liberaba de la influencia del último miembro de la vieja generación de funcionarios de la corte.

Antíoco III no abandonó la idea de conquistar el sur de Siria y Palestina, y durante los próximos dos años concentró todas sus energías en entrar en guerras para lograrlo. Para la dinastía seléucida, era común dividir el dominio de las tierras. Según esta tradición, Antíoco puede haber aceptado dejar a Asia Menor a cargo de su tío Aqueo, mientras que él gobernaría el sur de Siria y Palestina una vez que sus esfuerzos de guerra fueran exitosos. Sin embargo, el ejército de Aqueo creyó que lo que quería era atacar a Antíoco y lo abandonó. El hecho de que Antíoco no defendiera su imperio de su usurpador tío lleva a creer que se llegó a un acuerdo sobre la división del gobierno. Pero, en el verano de 217, la gran batalla de Rafia fue un fracaso, y Antíoco perdió, lo que significa que sus planes para gobernar Ptolomeica Siria y Palestina se habían ido. Entonces, proclamó traidor a Aqueo y regresó a Asia Menor para desafiar a su tío. Todos los eventos que en ese momento rodearon a Aqueo parecen apuntar a que Antíoco reconoció a su tío como gobernante conjunto, pero que cambió de opinión después de que los esfuerzos sirios colapsaran. Es probable que los historiadores posteriores estuvieran condicionados a cambiar estos acontecimientos y a escribir la versión de Antíoco donde Aqueo es retratado como un rebelde y traidor.

Mientras tanto, Aqueo había ganado popularidad, y Antíoco no tenía un paso fácil a través de Asia Menor. Solo en 213 el ejército real de Antíoco logró capturar la ciudad de Sardes, donde Aqueo asentó su cuartel general. Más tarde ese año, el propio Aqueo fue capturado y mutilado. Le cortaron las extremidades y la cabeza, y su cuerpo quedó empalado. Antíoco III finalmente gobernó sin oposición.

Durante 210 o 209, Antíoco comenzó a incluir a su hijo en la política diaria e incluso le dio un título real porque Antíoco estaba preparando una expedición a las partes más orientales del país para restaurar la autoridad seléucida. La rica tierra de Bactriana era su objetivo principal, pero esta tierra había disfrutado de independencia desde el 245 y sería un desafío. Tomó dos años asediar la capital para lograr que los líderes negociaran. Antíoco acordó reconocer al líder de Bactriana, Eutidemo I, como rey y formó una alianza formal con él que fue sellada por el matrimonio de la hija de Antíoco con el hijo de Eutidemo, Demetrio. A cambio, Antíoco recibió elefantes de guerra y raciones para abastecer a su ejército. Antes de regresar a casa, Antíoco cruzó el valle de Kabul y, con una demostración de fuerza, renovó su alianza con el rey indio local, Sophagasenas. Luego, regresó a su hogar en Seleucia en el Tigris. Desde allí, se aventuró por el golfo Pérsico hasta Gerrha. Los habitantes de Gerrha rindieron un gran homenaje a Antíoco, y él se fue con el tesoro en la mano. El prestigio que ganó en estas expediciones militares le trajo el título de Megas (El Grande), pero nunca lo usó oficialmente cuando se refería a sí mismo.

# Capítulo 13 - La Primera Guerra Macedónica

Cronología:

    1. 221: Muerte de Antígono III Dosón; Filipo V se convierte en rey de Macedonia

    2. 215: Filipo V busca aliarse con Aníbal Barca

    3. 214: Guerra entre Roma y Filipo V

    4. 205: Paz de Fenicia; fin de la guerra entre Roma y Filipo V

El acontecimiento más importante del 221 en Europa fue la muerte del rey macedonio, Antígono III Dosón, y la sucesión de su primo, Filipo V. Para cuando Filipo asumió el trono era demasiado joven ya que solo tenía diecisiete años. Pero era la única opción para preservar la monarquía. Durante los primeros años de su gobierno, los asesores de Filipo fueron designados de acuerdo a la voluntad de Dosón, y los eventos que marcaron a Macedonia en esa época giraron en torno a la rivalidad entre estos asesores. Filipo luchó denodadamente para liberarse de su influencia, y el comienzo de su gobierno fue sangriento y violento, ya que a menudo conspiraba contra sus asesores en un intento de deshacerse de ellos.

Filipo V era joven y enérgico; quería demostrar su valía y mostrar que podía ser un verdadero rey para Macedonia. Participó en las batallas contra los etolios, donde ayudó a sus aliados a detener la expansión etolia y evitar que su influencia se extendiera. La destrucción de tierras alrededor del centro de Grecia fue costosa, y a principios del verano de 217, se logró la paz mediante un tratado, con todas las partes conservando lo que tenían en ese momento.

Después de la guerra con Etolia, Scerdilaidas se convirtió en uno de los reyes ilirios más influyentes. Provocó a Felipe V atacando el territorio macedonio superior conocido como Dassareti. Durante el invierno de 217/216, Filipo importó carpinteros ilirios y se construyó una flota de 100 piratas *lembi* (buques de guerra), que estaban listos para zarpar y desafiar a Scerdilaidas. No esperaba la reacción de Roma porque en ese momento, Roma estaba ocupada con los ataques de Aníbal Barca en Etruria. Pero Scerdilaidas envió una misiva con la noticia de la interferencia macedonia en territorio romano, y solo el simple rumor de la llegada de barcos romanos fue suficiente para desanimar a Filipo y hacer que volviera.

En 215, Filipo V se acercó a Aníbal buscando una alianza contra Roma. Esta alianza aún no era oficial, ni Filipo ni Aníbal tuvieron la oportunidad de cooperar, cuando Roma interceptó los documentos que aún no habían sido aprobados por Filipo. Esto fue suficiente para que Roma lo considerara como una traición que nunca sería olvidada. Roma respondió en 214 enviando una serie de barcos a las aguas de Iliria. La guerra continuó durante los siguientes nueve años. Roma creó la imagen de Filipo uniéndose a Aníbal como un acto agresivo hacia ellos para justificar sus acciones en la guerra. De mala gana, la Liga Aquea fue arrastrada a la guerra con Roma. En 214, Filipo envió 120 lembi a Iliria y estaba ocupado con el ataque a Apolonia cuando llegó la flota romana. Filipo no era rival para los acorazados romanos, por lo que decidió prenderle fuego a la suya y retirarse a Macedonia por tierra. Filipo pasó los siguientes años evitando con éxito la flota romana y cualquier confrontación directa con sus ejércitos. Continuó sus ataques Iliria por tierra, donde tuvo éxito, y en 212, logró tomar la fortaleza del castillo de Scerdilaidas.

En 211, el comandante romano Marco Valerio Levino hizo un pacto con la Liga Etolia, que no apreciaba para nada a Filipo V. Se unieron y lucharon contra Filipo y sus aliados. Los aliados de la liga, Esparta, Elis, Pérgamo e Iliria se unieron para la guerra contra Filipo. Roma tenía un objetivo: mantener ocupado a Filipo V en Grecia y separarlo de Aníbal en Italia. No tenían interés en tomar tierras, pero tampoco querían la paz. Sin embargo, los etolios tenían otros objetivos que deseaban perseguir, y no estaban contentos con que sus aliados romanos no los ayudaran a capturar Acarnania. También se estaban cansando de la guerra y querían ponerle fin. Como Aníbal había abandonado Italia y las fuerzas romanas eran necesarias en la campaña africana, Roma aceptó la paz. Se le permitió a Filipo quedarse con gran parte de lo que logró tomar durante las guerras. Sin embargo, Parthini y Dimale fueron excepciones, ya que estas ciudades eran viejas aliadas de los romanos. El tratado de paz se firmó en la ciudad capital de Epiro, Fénice, en 205, terminando oficialmente la Primera Guerra Macedónica.

# Capítulo 14 - El Ascenso de Roma

Cronología:
1. 204: Muerte de Ptolomeo IV Filopátor
2. 199: Antíoco III se apodera de Celesiria y Palestina
3. 196: Antíoco III cruza los Dardanelos
4. 196: Roma declara libres a todas las ciudades griegas

Los acontecimientos que tuvieron lugar después de la Paz Fenicia cambiaron la estructura del mundo helenístico de forma permanente. En 204, Ptolomeo IV murió repentinamente, dejando a su hijo de cinco años, Ptolomeo V como su sucesor. Su consejero Sosibio murió casi al mismo tiempo, por lo que comenzó la lucha por la influencia en la corte ptolemaica. Arsínoe III, la madre de Ptolomeo V fue asesinada en 204 antes de que ella supiera de la muerte de su esposo, al igual que su familia y sus asociados. Aunque se proclamó que ahora Ptolomeo V era el gobernante y que continuaría con el régimen de su padre, no es de extrañar que Felipe V y Antíoco III vieran las tierras ptolemaicas en el Egeo, Asia Menor y Siria como un premio digno de ganarse.

Filipo V trató de no provocar a Roma y Etolia y concentró sus fuerzas en el norte del Egeo y el suroeste de Asia Menor. Se las arregló para reorganizar el sistema militar y construir una flota. A pesar de que Filipo operaba principalmente en áreas macedonias tradicionales, como el valle de Axios y en el valle de Hebrón, Filipo V logró provocar a los rodios enviando una pequeña flota comandada por Heráclides de Tarento para operar en el Egeo. Los rodios afirmaron que era responsable de iniciar un gran incendio en sus astilleros, aunque esto nunca se ha demostrado.

Después de 204, la expansión seléucida en Asia Menor se había detenido. La muerte de Ptolomeo IV le ofreció a Antíoco III una nueva oportunidad para recuperar Celesiria y Palestina. La oportunidad de cooperación surgió para las dinastías Antigónida y Seléucida. Los primeros cuatro gobernantes ptolomeicos siempre estaban tratando de evitar tal cooperación, pero ahora había surgido el peor escenario para ellos. Es posible que la importancia de esta cooperación entre Filipo y Antíoco fuera exagerada por los historiadores, pero es cierto que al menos implicaba un pacto mutuo de no intervención.

Antíoco III finalmente pudo ocupar Celesiria y Palestina en 199. Las fuerzas seléucidas no encontraron ninguna resistencia seria hasta que llegaron a Gaza. Reclamaron la ciudad en otoño, pero tuvieron que defenderla contra los contraataques ptolomeicos. En 199, Celesiria y Palestina ya no estaban bajo el dominio ptolemaico. Una administración seléucida se hizo cargo de estas tierras casi de inmediato. No se sabe cómo este cambio de régimen afectó a los ciudadanos de Siria, pero hay documentos que confirman que algunas familias prominentes que habían servido a Ptolomeo IV cambiaron de bando y recibieron comandos militares bajo la nueva administración seléucida.

Mientras que Antíoco III disfrutaba de su reinado sobre Celesiria y Palestina, Filipo V lograba provocar tanto al gobierno de Rodas como al de Atalo I (el rey de Pérgamo), quienes unieron fuerzas en una coalición. En ese momento, Filipo no prestó mucha atención a Roma a pesar de que Roma acaba de firmar un tratado en África que significaba el final de su guerra con Aníbal y Cartago. Mientras Filipo estaba ocupado en Caria (una región del oeste de Anatolia), Atalo y

Rodas le pidieron ayuda a Roma para convencer a Filipo de que renunciara a sus planes de afirmar el dominio en el Egeo. Roma mandó un enviado cuya tarea consistía en exigir que Felipe cesara inmediatamente sus ataques contra las ciudades griegas y compensara a Atalo por el daño que sufrieron. Incluso amenazaron con la intervención romana si Filipo no cumplía.

Filipo no quedó impresionado por el ultimátum romano, y ordenó un ataque contra Ática. Él mismo se dirigió hacia los Dardanelos, tomando el control de todas las ciudades y fortalezas ptolemaicas en el camino. En Roma, una moción de guerra contra Macedonia fue aprobada en el Senado. Publio Sulpicio Galba Máximo, un cónsul experimentado, recibió el mando, y en el verano de 200, había cruzado el Mar Adriático con una gran flota y un ejército que contenía dos legiones completas. Esto marcó el comienzo de la Segunda Guerra de Macedonia. El ejército romano decidió construir su base en Iliria, pero parte de la flota continuó y asaltó la fortaleza de Calcis de Filipo. Los romanos también atacaron algunos de los territorios de la Alta Macedonia. La amenaza romana era grave y su objetivo era desmantelar el dominio que Macedonia tenía sobre el sur de Grecia. Está claro que Roma quería desmantelar la estructura política de Macedonia, ya que representaba una grave amenaza para ellos, y la alianza de Macedonia se desmoronaba bajo la presión de la amenaza romana.

Los romanos prometieron un protectorado a los griegos, vendiéndoles así la guerra contra Filipo. Tito Quincio Flaminino, un nuevo comandante, extendió este protectorado con la exigencia de que Filipo tenía que evacuar toda Grecia. El Senado romano declaró libres todas las ciudades de Grecia continental y jónica en 196, pero estaba claro que la estabilidad de los estados griegos no era inmediata. En 194, Flaminino declaró la victoria, y las tropas romanas abandonaron los estados griegos. Ahora, los griegos podían poner a prueba los límites de su libertad recién adquirida, y podían comenzar una nueva vida política. Ahora se consideraba que Roma era un poder helenístico, y los griegos tenían que encontrar una manera de integrar ese poder en su propia vida sociopolítica.

En 200 y 199, Galba había ideado un plan para atacar Macedonia directamente con la ayuda de la Liga Etolia, pero la liga mostró poco interés en unirse a los romanos. Galba no pudo provocar a Filipo atacando los territorios de la Alta Macedonia. Sin embargo, el sucesor de Galba, Flaminino, logró asegurar una alianza con los etolios y con la Liga Aquea. Juntos, golpearon con fuerza contra la posición de Macedonia en el sur de Grecia y crearon una importante brecha.

Ahora Filipo estaba siendo abandonado por sus aliados de la Liga aquea, que favorecían la política romana. Pronto siguieron otros aliados, incluido Nabis, el gobernante de Esparta. Estos nuevos aliados que Roma había reunido inesperadamente contra Filipo exigían seguridad para sus intereses. En la reunión de las fuerzas en Niquía, en noviembre de 198, todos mostraron sus prioridades. Flaminino reveló que Roma quería ciertas posesiones ilirias que estaban bajo Filipo. También exigían que Ptolomeo V recuperara todos los territorios que Filipo le quitara. Atalo exigió que Filipo liberara los barcos y las tripulaciones que había capturado en la batalla de Quíos en 201. Los rodios querían las posesiones actuales de Filipo en Asia Menor y en los Dardanelos. Los aqueos exigían Corinto y Argos, y los etolios querían recuperar todos los territorios que alguna vez tuvieron. Las demandas eran abrumadoras.

Sin embargo, Filipo no quería negociar. En cambio, eligió pelear una batalla importante que decidiría su destino. Reunió un ejército con cada hombre mayor de dieciséis años y en 197 comenzó su marcha hacia Tesalia. Sin embargo, cerca de Feras, el ejército de Filipo fue bloqueado por Flaminio y sus aliados. La batalla tuvo lugar en Cinoscéfalas. El ejército de Filipo fue prácticamente aniquilado, y fue solo después de esta derrota que Filipo acordó negociar.

El enorme poder que tenía ahora Roma sobre Grecia se hizo más visible y, como resultado, se hizo cumplir la paz. La decisión final sobre cómo proceder y cuál de los territorios recuperados obtendría cada estado quedó completamente en manos de Roma. Roma no quería desmantelar y dividir todos los territorios macedonios entre los griegos. En cambio, argumentaron que Macedonia tenía que seguir funcionando como un estado singular para ayudar a defenderse de las tribus no griegas del norte. Los etolios no quedaron satisfechos, y exigieron una recompensa porque jugaron un papel importante en la batalla contra Filipo.

El Senado romano envió a diez delegados a Grecia para ayudar a Flaminino a resolver todas las dudas. La decisión de qué hacer con Filipo y todos los territorios que una vez poseyó dependía exclusivamente de Roma, por lo que Roma estaba a punto de redefinir la estructura del estado helenístico y el estado en Europa y en algunas partes de Asia. En el invierno de 197, entró en vigor en Grecia, un *senatus consultum* (decreto). Su propósito era supervisar la libertad de todos los territorios en Grecia. Sin embargo, la Liga Etolia todavía no estaba satisfecha. Estaban enojados por no obtener todas las tierras que les prometieron, y comenzaron a proclamar que habían derrocado a Filipo para ahora ser dominados por Roma y que la "libertad griega" no era más que una farsa.

En 196, Antíoco III cruzó los Dardanelos y se hizo cargo de la ciudad de Lisimaquia, una ciudad que había sido evacuada recientemente por Filipo. También tomó Abidos, donde Filipo tenía una guarnición. A Roma no le gustó esto, ya que consideraban su deber liberar cualquier ciudad donde Filipo tuviera una base militar. Flaminino aprovechó la oportunidad durante los juegos internacionales en el verano de 196 para proclamar la declaración política de Roma. Todas las tierras al sur de Macedonia debían estar sin guarniciones romanas y sin impuestos, y tenían la libertad de disfrutar de sus propias leyes y formas de vida. Además, Roma exigió que Antíoco abandonara todas las tierras que solían ser ptolomeicas o antigónidas. También se le prohibió ingresar a Europa con un ejército (lo cual ya había hecho) o atacar cualquiera de las ciudades griegas. Antíoco respondió a estas demandas diciendo que Roma no tenía derecho a entrometerse en Asia, así como él nunca se entrometería en la política de Italia. En cuanto a las tierras ptolomeicas, respondió que iba a casar a su hija con Ptolomeo V, por lo que la agenda se estaba convirtiendo en un asunto familiar y Roma no podía interferir. Antíoco nunca recibió una respuesta de Roma sobre estos temas, y no tuvo ningún contacto con Roma durante los siguientes dos años.

A la Liga Etolia se le dio algunas de las tierras que pedían, pero no todas. No quedaron satisfechos, pero se quejaron solo verbalmente, sin tomar medidas. Sobre todo, querían las ciudades de Tesalia, pero se reorganizaron en una nueva liga propia, que se llamó la Liga Tesaliana.

El ejército de Roma estaba inactivo en los estados griegos, por lo que Flaminino decidió que era hora de devolver las tropas a Roma. Los estados griegos mostraron su agradecimiento a Roma, y en 114 las comunidades griegas presentaron sus obsequios a Flaminino y a la administración romana. Estos regalos incluían toneladas de oro y plata, obras de arte de todo tipo y esclavos italianos liberados que habían estado sirviendo en las ciudades griegas desde que Animal los había encarcelado. El mismo Flaminino fue homenajeado en algunas ciudades griegas, y se erigieron estatuas suyas. Estas celebraciones de acción de gracias fueron muy populares durante los siguientes dos siglos. Instituyendo estas celebraciones de acción de gracias, los gobernantes macedonios mostraron su capacidad de adaptarse y acomodarse a una nueva superpotencia, a saber, Roma.

# Capítulo 15 -Antíoco III y Roma

Cronología:
1. 192: Liga Aquea y Esparta en guerra; Nabis fue traicionado y asesinado por la Liga Etolia
2. 190: Batalla de Mioneso; Roma derrota a Antíoco III

En 193, Antíoco III casó a su hija, Cleopatra I, con Ptolomeo V, resolviendo así la disputa sobre las posesiones ptolomeicas en Siria. Antíoco se veía a sí mismo como el único poder macedonio importante que quedaba en el este. Debido a esto, se consideraba a sí mismo como un amigo y un igual a los romanos. Intentó hacer una alianza oficial con Roma que confirmaría y reconocería su posición.

Antíoco envió dos representantes a Roma, cuya tarea era persuadir al Senado para que abandonara todos los intereses que pudieran tener en Asia Menor y a buscar su amistad. Los romanos no estaban satisfechos, ya que Flaminino declaró que Antíoco necesitaba permanecer fuera de Europa si quería que Roma se mantuviera fuera de Asia Menor. Se enviaron tres senadores romanos para negociar esto personalmente con Antíoco.

Mientras sucedía todo esto en Roma, en su país de origen, Antíoco III estaba haciendo grandes cambios en su reino. A su hijo mayor, también llamado Antíoco, se lo reconoció como el heredero aparente y se le otorgó la responsabilidad de las Satrapías Superiores. También comenzó un culto dedicado a su esposa, que también era su hermana,

Laodice IV. La verdadera intención detrás de esto era forzar a los ciudadanos de la élite del imperio a la lealtad a través de actividades religiosas. Solo las damas aristocráticas macedonias de elevada condición eran elegidas sacerdotisas del culto recién fundado, y Laodice se convirtió en la gran sacerdotisa de su propio culto.

Cuando los senadores romanos llegaron a Antíoco, moría su hijo y heredero. Como estaba de luto profundo, no podía recibir a los representantes de Roma, por lo que nombró a un cortesano de confianza llamado Minión para que lo representara. Minión estaba seguro de que, si la guerra entre Roma y Antíoco iba a suceder, su rey saldría victorioso. Esto le dio una postura agresiva en las negociaciones, y no se logró ningún compromiso sobre el tema diplomático.

Al mismo tiempo, los etolios insatisfechos comenzaron a enviar mensajeros a Nabis de Esparta, a Filipo V y a Antíoco III con propaganda anti romana. Una nueva guerra comenzó a fines de 192 cuando Nabis, alentado por los etolios, trató de recuperar Gitión, el principal puerto espartano que Flaminino dio a los aqueos para supervisar. Flaminino pidió una tregua, que Nabis aceptó para ganar tiempo y pedir ayuda a los etolios. Sin embargo, estaban decepcionados por la ineficacia de Nabis y decidieron asesinarlo y tomar a Esparta por sí mismos. Los espartanos presentaron una fuerte resistencia y mataron a casi todas las tropas etolias. La batalla tuvo como resultado que los espartanos eligieran un gobierno amigable para los aqueos, seguido por ellos uniéndose a la liga.

La situación en el norte y centro de Grecia, donde estaban los etolios, se estaba volviendo mucho más grave para Roma. El estratego etolio Thoas le dio a Roma la idea de que la intención de Antíoco era venir a Grecia para apoyar a los etolios. Al mismo tiempo, le envió un mensaje a Antíoco diciendo que los griegos de los Balcanes estaban esperando que él viniera y los liberara de Roma. En ese momento, Roma no tenía tropas en los Balcanes, y Antíoco se sintió seguro con sus 10.000 hombres, que incluían 500 unidades de caballería y seis elefantes de guerra. Sin embargo, los griegos no querían reemplazar a Roma por Antíoco, y la diplomacia que tuvo lugar entre ellos fue dura por ambas partes. Calcis se negó a ser liberada por Antíoco, por lo que decidió liberarla por la fuerza. Lo hizo con muchas ciudades de la zona, y estas acciones no pintaban una buena imagen de Antíoco. Algunos lugares estaban más entusiasmados con él y aceptaron guarniciones seléucidas sin resistencia. La Liga Aquea y Flaminino rechazaron reconocer las acciones de liberación de Antíoco, y declararon la guerra.

Antíoco se instaló en Calcis durante el invierno, donde disfrutaría de su nuevo matrimonio con la hija de un ciudadano local. Durante la primavera, el ejército del cónsul romano cruzó el Adriático bajo el mando de Manio Acilio Glabrión. En su marcha hacia Tesalia, este ejército aceptó la rendición de todas las ciudades que Antíoco había liberado anteriormente. Antíoco se sorprendió por la iniciativa de Roma y decidió tomar una posición y defenderse ante el paso de las Termópilas, el mismo paso que el rey espartano Leónidas había elegido como sitio de defensa contra el Imperio persa. Los etolios también se sorprendieron por este giro de los acontecimientos y enviaron 4.000 hombres para ayudar a Antíoco, pero la mitad de estos hombres se pusieron en marcha para defender a Heraclea, otra ciudad etolia. Antíoco fue superado en número y no tuvo ninguna posibilidad. Marco Porcio Catón marchó con sus tropas y atacó a Antíoco desde la retaguardia, aplastando así su resistencia. Antíoco se retiró a Éfeso.

Filipo V ofreció ayuda a los romanos en logística y, como recompensa, recuperó a su hijo Demetrio, que había sido retenido como rehén durante cinco años. Roma exigió a los etolios que se rindieran incondicionalmente, pero se resistieron. En 189, después de tres años de lucha constante, los etolios perdieron Ambracia. Este evento desmoronó su espíritu, y finalmente aceptaron los términos romanos. Los etolios tuvieron que pagar una restitución de 500 talentos, y se les prohibió expandir su liga a costa de los territorios romanos o los territorios que pertenecían a los amigos de Roma. También se les prohibió tener una política exterior independiente, y tuvieron que aceptar tener los mismos aliados y enemigos que Roma. Este acuerdo fue ratificado por el Senado en 188, y después de esto, la Liga Etolia dejó de ser considerada una potencia importante en el mundo helenístico.

Además, Roma reestructuró el sistema estatal de Asia Menor al provocar un desastre en la dinastía seléucida. Antíoco III no solo ayudó a los etolios en su insatisfacción con Roma; también le dio asilo a Aníbal, y este resultó ser el principal catalizador para prolongar la guerra. Roma ahora decidió poner fin a tales ideas para que cualquiera pudiera tener el mismo poder que ellas. Roma ahora tenía interés en Asia Menor, y habían recibido apoyo en este asunto de Atalo I y luego de su sucesor, Eumenes II de Pérgamo, así como de Rodas y todas las ciudades que habían apelado a Roma en 197.

Finalmente, en 190, Lucio Cornelio Escipión y su más famoso hermano, Publio Cornelio Escipión Africano (el hombre que derrotara a Aníbal en África), llevaron al ejército a los territorios de Asia Menor. La flota romana derrotó a la flota de Antíoco en Mioneso cerca de Samos y cortó las tropas de Antíoco que se habían quedado en Lisimaquia. Antíoco intentó organizar negociaciones con Roma, pero le exigieron que evacuara Asia Menor al norte y al oeste de las montañas Taurus. También exigieron el pago de todos los gastos de la guerra romana. El orgullo seléucida hizo que Antíoco rechazara las demandas de Roma y, en cambio, entablara una batalla. En este punto, incluso una derrota le daría más prestigio que simplemente aceptar los términos de Roma. Antíoco reunió un ejército de entre 50.000 y 70.000 hombres de cada rincón de su imperio. Decidió que el comando de tal ejército debería pertenecer a él y a su hijo, Seleuco IV, quien era su nuevo heredero. Roma envió cuatro legiones contra él. Junto con algunas fuerzas aliadas, tenían entre 30.000 y 50.000 hombres. Sin embargo, cuando finalmente llegó a la batalla, Roma devastó el ejército de Antíoco. La batalla fue librada cerca de Magnesia por Sípilo en diciembre de 190. Las fuerzas seléucidas tuvieron alrededor de 50.000 muertos y capturados, según los historiadores de la época (alrededor de 10.000 según los historiadores modernos), lo que demuestra la magnitud de la victoria de Roma. Antíoco, como Filipo antes que él, no tuvo más remedio que aceptar los términos de Roma. Las conversaciones de paz tuvieron lugar en Apamea en Frigia, donde se decidió que después de noventa años de gobierno en el área, los seléucidas debían evacuar los ricos territorios al norte y al oeste de las montañas Taurus y entregarlos a los aliados de Roma, Pérgamo y Rodas. Aproximadamente tres años después de la batalla, Antíoco III murió, dejando el reino seléucida a su hijo, Seleuco IV.

En 179, también moría Filipo V. Fue testigo de la reducción de Macedonia a la condición de autoridad regional dentro del mundo helenístico. Filipo subestimó el poder de Roma, y fue el primero en probar la hostilidad de Roma. Aunque respetaba el tratado de amistad de posguerra con Roma, Macedonia nunca disfrutó de la confianza de Roma. De hecho, Roma se aseguró de que Macedonia no volviera a tener influencia fuera de sus fronteras.

Filipo nombró a su hijo Perseo como su sucesor, que había sido entrenado en política macedonia. Sin embargo, Roma favoreció a su hijo menor, Demetrio, quien había sido retenido como rehén y había hecho contactos con funcionarios romanos y aprendió a navegar por su mundo político. Perseo se convirtió en rey después de la muerte de su padre, pero nunca tuvo una oportunidad. En 171, Roma atacó Macedonia, comenzando la Tercera (y final) Guerra Macedónica. Si bien Perseo pidió negociaciones, Roma ignoró todos sus esfuerzos.

La verdadera razón por la cual Roma aboliera la monarquía macedonia en 168 aún se desconoce, pero es cierto que hacer de Macedonia una provincia romana era el objetivo final de la guerra. La Tercera Guerra Macedonia duró hasta 168 cuando se libró la decisiva batalla de Pidna en la Baja Macedónica. Posteriormente, el reino de Macedonia se dividió en cuatro repúblicas.

# Capítulo 16 - Roma y la Europa Helenística

Cronología:
1. 151: Guerra entre Esparta y la Liga Aquea
2. 146: Atenas se convierte en ciudad libre de impuestos
3. 88: Mitrídates VI ataca la provincia romana de Asia

El siguiente cuarto de siglo tiene que ver con probar hasta donde Roma estaba comprometida con el mundo griego. A mediados de los años 160, Roma era reconocida en todas partes como una potencia dominante de la era helenística.

Los efectos de la caída de Macedonia se sintieron primero en Europa. Además de abolir la monarquía macedonia, el territorio se dividió en cuatro unidades geográficas, conocidas solo por números en lugar de nombres. Estaban gobernadas por un consejo representativo y no tenían colaboraciones económicas, sociales o militares entre ellas. Debido al aumento de la violencia y el surgimiento de un cierto Andrisco, quien afirmó ser el hijo de Perseo, Roma instituyó un estricto sistema de supervisión en las cuatro unidades geográficas macedónicas. Así es como en 148 Macedonia llegó a ser gobernada directamente como un territorio provincial de Roma, cuando el pretor romano, Quinto Cecilio Metelo, derrotó a Andrisco, poniendo fin a la Cuarta Guerra Macedónica. Macedonia finalmente dejó de ser un estado helenístico.

Entre los estados griegos aliados, Roma hacía una diferencia entre aquellos que estaban dedicados a ellos y aquellos que no eran confiables. Pidieron que cada estado hiciera una lista de hombres poco confiables en los que no se podía confiar, y fueron llevados a Roma como rehenes. Los aqueos solos enviaron alrededor de 1.000 hombres. Esto fue para asegurar una actitud política pro romana para reducir las posibles tensiones. Pero como no había presencia romana permanente en el área de las ciudades-estado libres griegas, sus líderes, aunque orientados a favor de Roma, a menudo ignoraban las decisiones del Senado y recurrían a la violencia para resolver las disputas locales.

Una de esas disputas locales se refería a Aquea y culminó en una guerra abierta. Los espartanos no querían estar en la liga aquea, y en el año 151, Esparta desafió la jurisdicción de la Liga Aquea en los asuntos locales de la ciudad. Los funcionarios aqueos respondieron al desafío con preparativos militares. Roma mandó enviados para investigar el asunto, pero les llevó dieciocho meses llegar. En ese momento, la guerra ya estaba en su apogeo. Los senadores romanos no lograron resolver el problema en Esparta, lo que resultó en el ataque militar de Aquea.

La guerra aquea en 146 dejó a la Grecia europea en ruinas, y puso fin a la actividad política independiente en los estados griegos. La Liga Aquea se redujo a un estado pequeño, pero Esparta y Mesene fueron finalmente libres, siempre y cuando su comportamiento satisficiera a Roma. En ese momento, Roma no creía que fuera necesario hacer una provincia fuera de los estados del sur de Grecia, pero se aseguró de que pagaran impuestos, y el procónsul de Macedonia provincial tenía que supervisar la administración.

Atenas era el único estado europeo que se había beneficiado de la Tercera Guerra Macedónica. Eran considerados militar y políticamente demasiado débiles, pero después de la guerra, Roma les regaló un grupo de islas, incluida la isla sagrada de Delos. En 146, Atenas instituyó su propia administración en esa isla, y floreció porque Roma le permitió tener un estado libre de impuestos. Gracias al apoyo romano, Atenas volvió a tener éxito. Esta simbiosis del estado griego y el poder romano dio como resultado el florecimiento de la cultura. Sin embargo, solo duraría hasta que Atenas eligiera abandonar la generosidad romana y brindar apoyo abierto al rey póntico, Mitrídates VI, cuando en 88 atacó una provincia romana de Asia. Los ciudadanos atenienses en Delos se mantuvieron leales a Roma, ya que sabían a quién debían su prosperidad. Debido a esta lealtad, la isla fue devastada por el general de Mitrídates, Arquelao. Sin embargo, la propia Atenas se convirtió en el objetivo principal de las legiones romanas, bajo el mando de Lucio Cornelio Sila. El asedio de Atenas terminó en un baño de sangre cuando las tropas romanas penetraron en la ciudad el 1 de marzo de 86. Atenas no trató de ser independiente nunca más, ya que no pudieron recuperarse de la guerra. Por otro lado, Delos, comenzó a prosperar nuevamente cuando fue saqueado por piratas en 69. Después de la incursión, Delos dejó de ser el corazón comercial de la Grecia romana.

# Capítulo 17 - Roma en Egipto y Asia

Cronología:

1. 196: Coronación de Ptolomeo V en Menfis
2. 194: Ptolomeo V se casa con Cleopatra I
3. 180: Muerte de Ptolomeo V
4. 176: Muerte de Cleopatra I
5. 175: Antíoco IV se convierte en el gobernante del Imperio seléucida
6. 169: Comienza la guerra entre los Imperios seléucida y ptolomeico
7. 168: Batalla de Pidna
8. 164: Muerte de Antíoco IV
9. 160: Muerte de Judas Macabeo
10. 141: Independencia de Judea

Los primeros años del siglo II trajeron estabilidad al Egipto ptolomeico sin ninguna influencia de Roma. Esta mejora de la estabilidad está asociada con Polícrates de Argos, un oficial superior que logró poner fin a las rebeliones que ocurrían en Egipto. El niño rey Ptolomeo V fue coronado en noviembre de 196, en Menfis cuando solo tenía catorce años. Pasó otra década antes de que se pudiera detener la rebelión en el Alto Egipto. El primer problema para tratar después de recuperar estas áreas fue normalizar el funcionamiento de la agricultura, que era la columna vertebral de la economía egipcia.

En 194, Cleopatra I, hija de Antíoco III, se casó con Ptolomeo V, y este evento se considera crucial para el futuro de Egipto. Antíoco entregó a su hija con la esperanza de mantener a Celesiria bajo control seléucida, pero más tarde, los revanchistas ptolomeicos afirmaron que era parte de la dote de Cleopatra. Mientras Ptolomeo y Cleopatra vivieron, Celesiria permaneció bajo control seléucida, y estas dos dinastías vivieron en paz. Ptolomeo V murió de envenenamiento en 180, dejando a dos hijos y una hija que eran demasiado jóvenes para subir al trono. Cleopatra I fue una regente bastante efectiva para su hijo, Ptolomeo VI, hasta su muerte en 176. Posteriormente, Egipto pudo sobrevivir gracias a la capacidad de los regentes Eulaeos y Lenaeos, que no cumplieron su propósito. Los regentes de Egipto querían recuperar Celesiria, pero fracasaron, amenazando la independencia de todo Egipto. Se necesitaba la intervención romana para salvar a Egipto.

Ptolomeo VI Filométor, el hijo mayor de Ptolomeo V se casó con su hermana, Cleopatra II, en 173 en un esfuerzo por detener la rivalidad entre hermanos. Entonces Egipto trató de invadir Siria, pero Antíoco IV, el actual gobernante del Imperio seléucida entró en Egipto y derrotó al ejército egipcio cerca de la ciudad de Pelusio. Comenzaron las negociaciones y se llegó a un acuerdo para que se proclamara a Antíoco IV como protector de Ptolomeo VI, ya que Antíoco era su tío. Sin embargo, el tribunal alejandrino se negó a aceptar este acuerdo y proclamó que el hermano menor, Ptolomeo VIII, sería el gobernante. Antíoco comenzó el asedio de Alejandría en 169, y aunque el gobierno apeló a Roma, tuvieron que esperar una respuesta hasta la primavera de 168.

Ptolomeo acordó unirse con sus hermanos en los esfuerzos contra Antíoco. En la primavera de 168, Antíoco controlaba grandes partes del Bajo Egipto, pero Roma finalmente envió un mensaje. Un grupo de *legati* (embajadores) liderados por Cayo Popilio Lenas fue enviado a intervenir en Egipto, y llevaron el ultimátum de Roma a Antíoco: debía abandonar Egipto inmediatamente. Popilio no ofreció suficiente tiempo para que Antíoco pensara en la situación. En su lugar, distribuyó a sus hombres en un círculo alrededor del rey y le dijo que no podría irse hasta que tomara una decisión. Para el 30 de julio de 168, las tropas de Antíoco abandonaron Egipto. Estos eventos marcan el reconocimiento ptolomeico del poder cada vez mayor de Roma.

Después que Antíoco IV se retirara de Egipto, Celesiria permaneció en sus manos. Pero poco después, los territorios judíos, bajo el liderazgo de Judas Macabeo de la familia Asmonea, comenzaron a resistir el gobierno seléucida. Su objetivo final era crear un estado judío independiente en Palestina. Los intereses financieros de Antíoco IV fueron la causa del primer conflicto que tuvo con los asentamientos judíos. Necesitaba dinero para pagar a Roma, y los asentamientos judíos eran un buen recurso ya que no pagaban impuestos a los gobernantes seléucidas por un acuerdo con Antíoco III en 200 cuando se hizo cargo de Celesiria. En su camino de regreso de Egipto, Antíoco IV entró a Jerusalén con su ejército y tomó fondos de los tesoros del templo judío. Este saqueo de templos sagrados provocó la resistencia a la autoridad real seléucida.

Para detener los levantamientos judíos, Antíoco prohibió la práctica de su fe e intentó obligar al pueblo judío a hacer sacrificios a Zeus. Los que desobedecían y continuaban practicando el judaísmo fueron perseguidos. En el otoño de 164, Antíoco sufrió un accidente y murió, dejando atrás a un hijo de nueve años, Antíoco V, como su sucesor. El canciller sirio, Lisias, controlaba al nuevo rey niño, y lo primero que se propuso fue restablecer el orden en Jerusalén devolviendo el estilo de vida judío a la ciudad. Pero era demasiado tarde. La resistencia macabea no quería la paz, ya que solo significaría regresar bajo el dominio seléucida. Su objetivo era crear un estado independiente de Judea. En 161, antes de su muerte, Judas Macabeo logró convencer a Roma de reconocer la entidad política separada de la población judía, a pesar de que todavía formaban parte oficial de la monarquía seléucida.

Desde 175, el hijo de Seleuco IV, Demetrio I Soter había sido retenido como rehén en Roma, pero logró liberarse y escapó de Italia en 162. Luego asesinó a Antíoco V y a su consejero Lisias y tomó el trono. Demetrio I continuó persiguiendo a los líderes judíos renegados, y en 160 logró matar a Judas. Después, siguió una paz, que los judíos usaron para reorganizar sus fuerzas.

Demetrio fue asesinado en 150 por Alejandro Balas, quien afirmó ser el hijo de Antíoco IV y disfrutó del apoyo de Roma. Balas reclamó el trono y se casó con la hija de Ptolomeo VI, Cleopatra Thea. Ptolomeo logró recuperar Celesiria de los seléucidas, pero provocó a Alexander Balas, quien intentó asesinarlo. Como resultado, Ptolomeo recuperó a su hija y le ofreció su apoyo a ella y a Demetrio II, hijo de Demetrio I. Ptolomeo pudo haber muerto mientras se enfrentaba a Balas, pero Balas fue asesinado poco después, dejando las posesiones seléucidas en manos del joven e inexperto Demetrio II. El líder judío, Jonatán Apphus (hermano de Judas), explotó la inexperiencia de Demetrio y lo convenció de confirmar los privilegios judíos, incluso logrando extender esos privilegios.

Un nuevo líder judío, Simón Thassi, otro de los hermanos de Judas, logró expulsar a la guarnición seléucida de Jerusalén y, en el año 141, proclamó la independencia del estado asmoneo de Judea. El hermano menor de Demetrio, Antíoco VII, llegó al poder en 138 y se casó con Cleopatra Thea para ganar el prestigio de su dinastía. Él fue quien logró regresar a Jerusalén bajo el gobierno seléucida en 131, pero poco después, murió en la decisiva batalla de Ecbatana en 129 a. C. cuando los partos una vez por todas conquistaron Irán de los seléucidas. Su hermano Demetrio II volvió al poder después de ser liberado de la prisión.

Con la muerte de Antíoco VII, la monarquía seléucida dejó de ser un poder importante en el mundo helenístico. Reducido solo a Siria, y sin Judea, el reino seléucida era tan débil que incluso Roma lo consideraba indigno de intervención. Sin embargo, Cleopatra Thea tenía la ambición de convertirse en una única gobernante. Asesinó a su hijo mayor que había tratado de reclamar el trono. Su segundo hijo, Antíoco VIII Grifo, logró reclamar la corona, y poco después, envenenó a Cleopatra, alegando que ella trató de asesinarlo tal como lo hizo con su hermano. Grifo fue derrotado por su medio hermano conocido como Antíoco IX, pero en ese momento, todo el respeto que una vez tuvieron los seléucidas se había perdido. Roma ahora decidió que Siria era demasiado valiosa para dejarla en manos de gobernantes incompetentes de los reinos macedonios, por lo que establecieron el dominio romano directo. Poco después, en 63 a. C., Siria finalmente se convirtió en una provincia romana bajo Cneo Pompeyo Magno, más conocido como Pompeyo, quien derrotó a Mitrídates VI. Sin embargo, la ciudad de Antioquía disfrutaba de la condición de ciudad autónoma y no tenía que pagar impuestos a Roma.

Así es como terminó la segunda dinastía macedonia, dejando solo a la dinastía ptolomeica. Desde la muerte de Antíoco IV, los seléucidas jugaron juegos de poder dinásticos, perdiendo más y más territorios de su reino y reduciéndolo a un estado pequeño e insignificante sin ninguna influencia en el mundo helenístico. Lo que sucedió después en Siria se le dejó a Roma para que decidiera.

# Capítulo 18 – La Anatolia Helenística Derrotada

Cronología:
1. 120: Mitrídates VI comienza a gobernar sobre Ponto
2. 95: Mitrídates VI ataca Capadocia
3. 85: Tratado de Dárdano
4. 83/82: Comienza la Segunda Guerra Mitridática
5. 63: Termina la Tercera Guerra Mitridática

Cuando el poder de los seléucidas y los ptolomeicos había disminuido, sus tradiciones administrativas, culturales y políticas no dejaron de existir. Los romanos desarrollaron los antiguos territorios de los grandes reinos macedonios en nuevas monarquías. Desarrollos similares ocurrieron en Anatolia oriental y central, donde el colapso de la dinastía seléucida permitió el crecimiento de nuevas potencias regionales. De gran interés en esta área fue el Reino de Capadocia, a través del cual pasaban todas las comunicaciones entre Siria y el Egeo.

La presencia romana en Asia Menor se hizo significativa, y no complació a los gobernantes de Bitinia, Capadocia y Ponto. Los tres estados repentinamente se convirtieron en vecinos de la nueva provincia romana de Asia. La muerte del rey Mitrídates V en 120 fue un momento crítico para Asia Menor. Dejó a dos hijos, Mitrídates VI y Mitrídates Cresto, como gobernantes conjuntos con su madre, Laodice VI, actuando como regente. Poco después, Mitrídates VI arrojó a su madre y hermano a la cárcel, donde eventualmente morirían por causas naturales, y comenzó su gobierno único. Sospechaba especialmente de los intereses romanos en Asia Menor, y detestaba su presencia en tierras vecinas.

Mitrídates VI fue un gobernante agresivo, y se apresuró a atacar Capadocia y Paflagonia. Se las arregló para desestabilizar estos estados a través de una serie de ataques violentos, así como a través de intervenciones diplomáticas. Capadocia era favorable a Roma, y su gobernante, Ariarates VII, lideró una política tradicional de ser aliada de los romanos. Cuando Mitrídates mató a Ariarates y continuó su disputa con Nicomedes III de Bitinia, su principal rival, Roma se sintió obligada a intervenir; después de todo eran sus estados vecinos los que luchaban, y era solo cuestión de tiempo antes de que extendieran su conquista hacia la provincia romana. Llamaron a ambos reyes para que cesaran los ataques, y declararon que Capadocia era un estado libre. Sin embargo, Capadocia quería un rey y votó por Ariobarzanes I, un noble de Capadocia, como su nuevo rey en 95. El Senado romano apoyó esta decisión.

Pero Mitrídates VI nunca abandonó la idea de conquistar Bitinia. Nicomedes IV, el nuevo rey de Bitinia, con el apoyo de Roma, comenzó a atacar sus territorios. En 89, Mitrídates ganó una batalla decisiva contra las fuerzas romanas y bitinianas en Ponto. Después, comenzó a prepararse para una guerra agresiva. En 88, atacó Capadocia y Bitinia, entrometiéndose así en los intereses romanos en Asia. Sin embargo, Roma todavía era fuerte, y al final de esta guerra, reafirmaron su control sobre las provincias de Asia y los Balcanes, donde Mitrídates envió a su general Arquelao a luchar.

Lucio Cornelio Sila trajo la paz a través de negociaciones en 85 en Dárdano. Mitrídates tuvo que retirarse del continente griego, las islas del Egeo, Bitinia, Paflagonia, Frigia y Capadocia, pero se le permitió continuar gobernando el Ponto. Nicomedes y Ariobarzanes fueron reintegrados como reyes de sus tierras, y Mitrídates tuvo la oportunidad de luchar un día más. En ese momento, Sila necesitaba paz porque estaba a punto de comenzar una guerra civil en Italia, y tenía que concentrar todos sus esfuerzos en casa.

En 83 o 82, comenzaba la Segunda Guerra Mitridática cuando Lucio Licinio Murena, el teniente de Sila, atacó a Mitrídates. Menos de diez años después, Nicomedes IV, que había sucedido a su padre, Nicomedes III, en el trono de Bitinia en 94, murió y dejó en su testamento el reino al pueblo de Roma. Roma no perdió el tiempo e inmediatamente organizó este nuevo territorio como provincia. Mitrídates no podía soportar la idea de tener a la provincia romana de Bitinia como vecina, por lo que decidió atacarla por tierra y por mar. Este ataque sorprendió a las autoridades romanas, pero lograron recuperar el control total y demostrarle a Mitrídates que su decisión era desastrosa.

Roma decidió que Mitrídates debía ser eliminado y dejó de responder a los intentos de negociación. Ponto ocupó una gran área montañosa en el este de Anatolia, lo que ralentizó el progreso de las legiones romanas, prolongando así la guerra. Las fuerzas romanas estaban dirigidas por Lúculo, el teniente de Sila que había demostrado una gran efectividad en la primera guerra contra Mitrídates. En el 73, Mitrídates fue expulsado de Bitinia, y su flota fue destruida en Lemnos. Lúculo y Mitrídates se enfrentaron en la batalla de Cabira en el 71 en el centro del Ponto. Mitrídates decidió retirarse y escapar al Reino de Armenia, gobernado por su yerno Tigranes II el Grande. Durante el mismo año, Lúculo informó al Senado de su éxito al tomar las residencias reales Sinope y Amasya, y enseguida enviaron a los *legati* a organizar la nueva provincia. Sin embargo, Mitrídates todavía andaba suelto, y en 67, logró levantar un nuevo ejército en Ponto y derrotar al ejército romano bajo Cayo Valerio Triario en Zela. Una vez más, Mitrídates demostró que era un hombre poderoso.

En el año 66, Pompeyo fue designado para enfrentar a Mitrídates de una vez por todas. Lúculo fue retirado, por lo que Pompeyo recibió las recompensas por todos los logros en Ponto. Mitrídates fue expulsado del Ponto y, en su retirada, llegó al Bósforo Cimerio donde gobernaba su hijo, Machares. Su hijo era amigo de Roma, pero no quería traicionar a su padre, por lo que decidió suicidarse para escapar de la incómoda situación. Mitrídates intentó obtener el control de las tierras de su hijo, pero fue tan brutal en sus intentos que su hijo, Farnaces II, encabezó una rebelión contra él. Sin otro lugar a donde recurrir, Mitrídates se suicidó por medio de su guardaespaldas golpeándolo.

El yerno de Mitrídates, Tigranes, en el este de Anatolia, decidió rendirse a Pompeyo cuando vio la demostración del poderío y el poder de Roma. Ese momento puso a Anatolia y Siria en manos romanas. Tres territorios, Armenia, Capadocia y el Reino del Bósforo tenían sus gobernantes reconocidos por Roma, pero no tenían poder y se convirtieron en estados satélites de Roma. En ese momento dejaron de ser estados helenísticos en todos los aspectos.

# Capítulo 19 – Roma en Egipto

Cronología:
1. 161: Ptolomeo VIII ataca Chipre
2. 145: Muerte de Ptolomeo VI Filométor; Ptolomeo VIII coronado como gobernante y casado con Cleopatra II
3. 132: Guerra civil en Egipto
4. 116: Muerte de Ptolomeo VIII; coronación de Ptolomeo IX; muerte de Cleopatra II
5. 107: Ptolomeo X se convierte en rey en Alejandría
6. 101: Muerte de Cleopatra III
7. 96: Muerte de Ptolomeo Apión
8. 88: Ptolomeo IX es restaurado como rey de Egipto
9. 80: Muerte de Ptolomeo IX; Ptolomeo XI gobierna durante unos días antes del asesinato; Ptolomeo XII coronado
10. 58: Ptolomeo XII es depuesto y huye a Roma
11. 55: Ptolomeo XII es restaurado como rey de Egipto
12. 51: Muerte de Ptolomeo XII; ascensión de Cleopatra VII y Ptolomeo XIII
13. 49-47: Guerra civil en Egipto
14. 48: César llega a Alejandría
15. 44: Asesinato de César; Cleopatra va a Roma
16. 31: Batalla de Accio
17. 30: Muerte de Cleopatra; fin del dominio ptolomeico en Egipto

El Egipto ptolomeico fue la monarquía más larga sobreviviente de los tres reinos macedonios de la era post alejandrina. Egipto siempre fue un caso especial debido a su distancia física del centro de los asuntos mediterráneos y a su identidad cultural única. Nunca representó una amenaza para los intereses romanos hasta Cleopatra VII en el 31 a. C.

El gobierno conjunto de los hermanos ptolomeicos y su hermana Cleopatra II se vino abajo de golpe en 164. Ptolomeo VI y Cleopatra II fueron expulsados de Egipto por su hermano menor, Ptolomeo VIII, y buscaron refugio en Roma. Ptolomeo VI logró obtener el apoyo de algunos de los senadores y fue escoltado de regreso a Alejandría con *legati* romanos en 163. En un año de gobernar por su cuenta, el hermano menor se había vuelto tan impopular que aceptó con gusto la proposición de los romanos de darle dominio sobre Cirenaica.

Ptolomeo VIII luego lanzó dos expediciones fallidas para conquistar Chipre de sus hermanos, y Ptolomeo VIII le pidió ayuda a Roma. Se la otorgaron, pero con la condición de que no habría guerra entre ellos. Ptolomeo VI se negó a entregar Chipre a su hermano sin luchar, y Roma se retiró de estos esfuerzos egipcios. Al final, Ptolomeo VI acordó dar a Ptolomeo VIII el control sobre Cirenaica, mostrando así buena voluntad y dispersando los rumores de que quería asesinar al joven Ptolomeo. El mayor éxito de Ptolomeo VI fue recuperar Celesiria y devolverla al dominio ptolomeico. Pero este éxito fue interrumpido por su muerte después de una batalla cerca de Antioquía en 145.

La muerte de Ptolomeo VI marca el comienzo de la declinación del Egipto ptolomeico, que finalmente fue asumido por Roma. Las luchas dinásticas internas acompañadas de guerras civiles se convirtieron en un rasgo dominante de la historia egipcia. Cleopatra II quería gobernar sola después de la muerte de su hermano-esposo (algunos creen que fue asesinado por orden de Ptolomeo VIII), pero su hermano menor vio una oportunidad y vino a Alejandría para establecerse como el rey. La posición de Cleopatra II se volvió desesperada ya que no le quedaba apoyo; tuvo que comprometerse y aceptar a su hermano menor en matrimonio. Más tarde, Ptolomeo VIII decidió casarse con la hija adolescente de Cleopatra de su matrimonio anterior con su hermano mayor y la instituyó como reina conjunta junto a Cleopatra II. Esta segunda esposa se hizo conocida como Cleopatra III, y él se casó con ella en 139, sin divorciarse de su primera esposa. La tensión entre los tres gobernantes era tan grande que en 132 estalló una guerra civil entre Cleopatra II y Ptolomeo VIII con Cleopatra III como su partidaria. Cleopatra II logró reunir tanto apoyo que sus oponentes tuvieron que huir de Egipto.

Cleopatra II afirmó que continuaba la forma de gobernar tradicional de Ptolomeo VI. Incluso tomó su antiguo título (Filométor) y, además, usó el título de culto "Sotería" e intentó comenzar una nueva dinastía. Ptolomeo VIII asesinó a su propio hijo, Ptolomeo Menfitas, a quien tuvo con Cleopatra II, y envió sus restos en una caja a la reina en el día de su cumpleaños. Este acto lo hizo extremadamente impopular en Alejandría, pero todavía tenía seguidores en la campiña egipcia. Toda la tierra se dividió políticamente, permaneciendo el Alto Egipto y Cirenaica leales a Ptolomeo VIII.

La agitación dinástica continuó después de la muerte de Ptolomeo VIII en 116. Dejó dos testamentos, el primero afirmaba que dejaría Cirenaica a Roma si seguía sin hijos, cosa que no hizo. Sin embargo, el segundo declaraba que se lo estaba dejando a su hijo ilegítimo, Ptolomeo Apión. El segundo demostraría ser ineficaz. Ptolomeo VIII trataba los territorios de Egipto como su propiedad personal, y suponía que podía decidir quién los heredaría. Sin embargo, la realidad resultó ser diferente. Cleopatra III favoreció a su hijo menor como sucesor de Ptolomeo, pero Cleopatra II todavía estaba viva, y ella apoyaba la tradición del primogénito de ser el heredero oficial. Al principio, Cleopatra II tuvo éxito en su intención de poner al hijo mayor de Ptolomeo VIII en el trono, ya que había obtenido el apoyo de Alejandría y sus tropas de la guarnición.

El hijo mayor, llamado Ptolomeo IX, fue coronado en Egipto, y Cleopatra II murió más tarde ese año. La madre del rey, Cleopatra III, insistió en que se divorciara de su hermana-esposa, Cleopatra IV, para casarse con su hermana menor, Cleopatra Selene I, lo cual hizo, pero la fecha sigue siendo desconocida.

Cleopatra III nunca había abandonado su intención de proclamar a su hijo menor, Ptolomeo X, como rey en Alejandría, y en 107, finalmente tuvo éxito. Ptolomeo IX buscó refugio en Chipre. No está claro cómo sucedió este cambio de gobernantes, pero dado que Cleopatra III se mantuvo como una figura dominante en la corte alejandrina, es probable que ella fuera la que presionó por el cambio. Ptolomeo Apión, el hijo ilegítimo de Ptolomeo VIII, había gobernado Cirenaica desde 116 a. C. Ptolomeo IX gobernó Chipre como gobernador. Desde cierta perspectiva, el Reino Ptolomeico ahora se dividió en tres partes, Ptolomeo IX gobernando en Chipre, Ptolomeo Apión en Cirene y Ptolomeo X en Alejandría.

No se sabe con certeza cuales eran las intenciones romanas con respecto a Egipto durante ese período de tres reinos. Sin embargo, Roma reconoció a los tres reyes como legítimos y no protestó por esta división de Egipto. En 96, Ptolomeo Apión murió y decidió dejar Cirenaica a la República romana, ya que no tenía herederos. Roma explotaba las propiedades reales allí, pero las tierras no eran estratégicamente importantes para ellos.

No se sabe mucho del gobierno de Ptolomeo X. Era impopular con la gente y derritió el sarcófago de Alejandro Magno para pagar a los mercenarios que contrató. Fue expulsado de Alejandría por la gente, y su reinado terminó en 88. La siguiente figura prominente de la dinastía fue Cleopatra Berenice, también conocida como Berenice III, la esposa de Ptolomeo X y la hija de su hermano Ptolomeo IX. Ptolomeo IX regresó a Alejandría para gobernar, y ella se convirtió en su reina.

Los acontecimientos que iban a terminar con el gobierno dinástico de Egipto comenzaron a culminar en Asia Menor. En 80, Ptolomeo

IX murió, dejando el trono a Cleopatra Berenice. Sin embargo, Roma tenía otras intenciones. Lucio Cornelio Sula quería un gobernante pro romano en el trono y envió a Ptolomeo XI, que había sido entregado a Roma durante las negociaciones de paz entre Mitrídates VI y Roma en 85. Mitrídates había capturado a Ptolomeo XI en 88, convirtiéndolo en la moneda de cambio perfecta para usar en las negociaciones. Con la decisión de Roma de hacer de Ptolomeo XI el nuevo rey de Egipto, tuvo que firmar un testamento que declaraba que después de su muerte sus tierras pertenecerían a Roma. También tuvo que casarse con Cleopatra Berenice, a quien mató después de menos de tres semanas de matrimonio. Pero Cleopatra había sido tan popular entre el pueblo de Alejandría que en venganza la turba linchó a su nuevo rey. Ptolomeo XI fue el último gobernante hombre legítimo de la dinastía de los Ptolomeo.

Sin embargo, la dinastía de Ptolomeo no terminaría. Poco después, dos hijos ilegítimos de Ptolomeo IX se presentaron y fueron puestos a gobernar sobre Alejandría y Chipre. Roma nunca los reconoció oficialmente como reyes, pero tampoco se opuso a ellos. El rey en Alejandría, conocido como Ptolomeo XII, se casó con su hermana o posiblemente con su prima Cleopatra V Trifena, y juntos gobernaron durante los siguientes diez años. En 69, Cleopatra desaparece de los registros reales, pero no estaba muerta.[2] En Roma, el joven Cayo Julio César y Marco Craso ya estaban planeando cómo tomar Egipto. Para el año 58, Chipre fue anexionada como provincia romana.

En Alejandría, no querían a Ptolomeo XII como gobernante, y este acudió a Roma buscando ayuda militar contra el pueblo rebelde de su capital. Sin embargo, los alejandrinos apoyaron a su exesposa, Cleopatra Trifena quien nominara a su propia hija como reina conjunta, conocida como Berenice IV, en 57 (algunos historiadores

---

[2] Los historiadores no pueden ponerse de acuerdo sobre lo que sucedió porque hay varias teorías que incluyen menciones de más de una Cleopatra. De hecho, es posible que Cleopatra V muriera en el año 69. Pero también es posible que más tarde se la mencionara en los registros bajo una Cleopatra Trifena diferente, Cleopatra VI.

creen que Berenice la mató para tomar el trono). Berenice eliminó a su esposo, Seleuco VII, hijo de Cleopatra Selene, y se casó con Arquelao I, un sumo sacerdote de Capadocia que afirmó ser el hijo de Mitrídates VI. Este gobierno conjunto no duraría mucho, ya que Ptolomeo XII fue restituido por Roma en el año 55. Berenice y Arquelao fueron asesinados, y Roma ahora tenía un interés directo en Egipto y nombró a sus estadistas en puestos clave dentro de la corte egipcia. Una guarnición romana también permaneció en Egipto. Ptolomeo XII siguió siendo rey de Egipto como un títere de Roma hasta los 51 años momento en que murió.

Para cuando comenzara la guerra civil de César en Roma en 49, Egipto era parte de la República romana, pero aún no se la había declarado una provincia. Egipto ara tratado como un estado satélite de Roma y había involucrado directamente en la guerra civil. Cuando Ptolomeo XII murió en 51, su hija, Cleopatra VII, se convirtió en la gobernante conjunta de Egipto con su hermano, Ptolomeo XIII. Ya antes había sido nombrada gobernante conjunta con su padre, pero su testamento la dejaba como sucesora a pesar de que tenía herederos varones. La copia de este testamento fue enviada a Roma para anular el acuerdo anterior que decía que Roma heredaría sus tierras después de su muerte.

Cleopatra VII tuvo que casarse con su hermano menor, que en ese momento solo tenía diez años. Las tensiones en la corte continuaron como siempre con diferentes bandos que apoyaban a Cleopatra o su hermano. Enseguida fue exiliada a Siria, y su hermano, Ptolomeo XIII, fue reconocido formalmente por Roma como el rey en Alejandría.

En Roma, se libraba una guerra civil entre Cayo Julio César y Pompeyo, y en agosto del 48, Pompeyo, el general que conquistara Mitrídates VI, fue derrotado. Se retiró a Egipto, donde se sorprendió al encontrar a Cleopatra enfrentando a Ptolomeo XIII con un ejército. Los asesores de la corte egipcia se dieron cuenta de que estaban apoyando al lado perdedor de la guerra civil romana y planearon asesinar a Pompeyo. Cuando César llegó a Alejandría, le presentaron su cabeza. Sin embargo, este se disgustó profundamente por esta acción. Estaba tan enojado con los hombres responsables que trató de vengar la muerte de Pompeyo. Los registros no dicen qué pasó con todos los hombres involucrados, pero al menos uno logró escapar.

Los ejércitos de Ptolomeo y Cleopatra nunca tuvieron la oportunidad de enfrentarse. César ordenó que se disolvieran e invitó a los dos gobernantes egipcios a subordinarse a él. Como Cleopatra había estado exiliada durante la guerra civil romana, César tenía la impresión de que ella lo apoyaba en lugar de a Pompeyo, y no hizo nada para alejar este pensamiento. Era la oportunidad, y ella la reconoció. Sin embargo, Alejandría apoyó a Ptolomeo XIII y se mostró hostil hacia Cleopatra y César. Como resultado, comenzó la lucha entre las guarniciones romanas estacionadas allí y las tropas de Ptolomeo, que nunca se disolvieron como lo había ordenado César, se unieron a la lucha contra ambos con la ayuda de la población alejandrina.

En el 47, apoyado por tropas de Siria, César salió victorioso en la batalla del Nilo. Ptolomeo XIII supuestamente se ahogó al intentar escapar del campo de batalla. Cleopatra se casó con su hermano menor, conocido como Ptolomeo XIV, que tenía solo doce años en ese momento. Esto se hizo para que la gente de Alejandría pudiera ser apaciguada porque no les gustaba la idea de ser gobernados por una sola mujer gobernante. Esta guerra civil en Egipto se la recuerda típicamente como la lucha en la cual la Biblioteca de Alejandría fuera destruida por un incendio. Sin embargo, la biblioteca se menciona en las fuentes hasta mediados del siglo III d. C. Es mucho más probable que la biblioteca se desvaneciera en importancia y se deteriorara con el tiempo.

El dominio romano sobre Egipto era obvio a pesar de que César evitó anexarlo como provincia romana. Cleopatra dio a luz a un niño a quien llamó Ptolomeo César en honor a su padre. Pero siempre fue conocido como Cesarión (Pequeño César). César le devolvió Chipre a Cleopatra, pero ella tenía que darle todos sus ingresos si él lo exigía.

César fue asesinado el 15 de marzo de 44. En ese momento, Cleopatra y su hijo vivían en Roma, pero tuvieron que regresar a Alejandría, donde ella asesinó a su propio hermano y nombró a su hijo como gobernante conjunto.

En 42 a. C., después de la batalla de Filipos, Marcus Antonius, más conocido como Marco Antonio, y Cayo Octavio, mejor conocido como Octavio, y Lépido dividieron la República romana entre ellos, y Antonio se convirtió en el nuevo gobernante del Imperio Oriental. Cleopatra sabía que tenía que ganárselo, como lo había hecho con César. Egipto se convertía en una base segura para Antonio, y Cleopatra le proporcionó todo lo que necesitaba para sus esfuerzos en el este de Anatolia. En los años siguientes ella tuvo tres hijos con él. Su amor se ha idealizado en la cultura, pero en realidad, Cleopatra no tenía más remedio que apoyar a los romanos, ya que tenían el poder sobre sus tierras. En el 31, Antonio perdió la guerra civil en una batalla final contra Octaviano en Accio. Al año siguiente, Octaviano llegó a Alejandría y puso fin oficialmente al gobierno de la dinastía ptolomeica sobre Egipto. Cleopatra se suicidó y Cesarión fue asesinado. Sus otros hijos fueron llevados a Roma para ser presentados como el triunfo de Octaviano sobre Egipto. La última gran monarquía macedonia había llegado a su fin.

# Capítulo 20 - El Camino de Roma al Poder

Cronología:
1. 264-241: Primera Guerra Púnica
2. 218-201: Segunda Guerra Púnica
3. 202: Batalla de Zama
4. 149-146: Tercera Guerra Púnica
5. 135: Primer levantamiento de esclavos
6. 85: Paz entre Lucio Cornelio Sila y Mitrídates VI
7. 78: Muerte de Sila
8. 73-71: Tercer levantamiento de esclavos
9. 60-53: Primer Triunvirato
10. 49: Comienzo de la Guerra Civil de César
11. 48: Muerte de Cneo Pompeyo Magnus (Pompeyo el Grande)
12. 45: Fin de la guerra civil de César
13. 44: Asesinato de César
14. 43-33: Segundo Triunvirato
15. 31: Batalla de Accio
16. 30: Octavio en Egipto; fin del Egipto ptolomeico

Para comprender la influencia y el significado que Roma tenía en el mundo helenístico y viceversa, debe hacerse una reflexión sobre la propia Roma. Después de la muerte de Alejandro Magno, Roma no era más que una capital formal de la Liga Latina. Pero su crecimiento era rápido. Influenciada por griegos, latinos y etruscos, Roma reorganizó su religión y política. Fue gobernado por oligarcas que monopolizaban cada segmento del estado, y en la parte superior del gobierno, había dos cónsules con amplio poder en política y religión; los cónsules, a diferencia del oligarca, eran elegidos cada año. Para gobernar sus provincias recién conquistadas, los romanos tuvieron que organizar pro-magistrados, procónsules y propretores que se convirtieron en gobernadores de nuevos territorios durante la expansión romana. Durante la época helenística temprana, Roma atravesaba el período de su construcción como república.

Durante toda la existencia de la república, Roma estuvo en un constante estado de guerra, mostrando su capacidad de recuperación y su capacidad para recuperarse rápidamente de cualquier pérdida significativa. En el 387, los galos saquearon Roma, pero la recuperación fue tan rápida que Roma logró conquistar toda la península italiana y presentarse como una nueva y formidable potencia en el Mediterráneo. Todo sucedió en un lapso de solo un siglo, trayendo un gran reconocimiento militar a Roma.

### Guerras de la República Romana

El mayor enemigo de la República Romana era Cartago. Mientras los estados helenísticos estaban siendo divididos por los herederos de Alejandro, Roma estaba entrando en las Guerras Púnicas, las guerras más grandes que se hayan librado en ese momento.

La causa de las guerras fue la tendencia de Roma a expandirse en cualquiera de los territorios de Cartago, principalmente Sicilia. Tuvieron que ocurrir tres grandes guerras para que Roma estableciera su dominio. Al principio, Cartago tenía ventaja naval sobre Roma, y ganaron la Batalla de las Islas Lipari en 260. Pero una vez más, Roma demostró su capacidad para superar la situación. Se expandieron y reconstruyeron su armada, y en menos de dos meses, tenían más de cien buques de guerra listos para la batalla. La Primera Guerra Púnica (264-241) terminó con Roma ganando una racha de batallas y obligando a Cartago a firmar un tratado de paz en el que tenían que pagar una cantidad significativa de dinero a Roma como indemnización de guerra. Esto trajo la desestabilización a Cartago, que finalmente conduciría a la Segunda Guerra Púnica.

La Segunda Guerra Púnica (218-201) sería recordada principalmente por el famoso general cartaginés Aníbal Barca, quien cruzara los Alpes e invadiera Italia desde el norte. Aníbal todavía es considerado uno de los mejores comandantes militares a lo largo de la historia. Ganó algunas de las principales batallas de ese período, pero nunca logró romper el vínculo entre Roma y sus aliados, lo que finalmente llevó a su desaparición. Al mismo tiempo que la Segunda Guerra Púnica, Roma también estaba en guerra con Filipo V de Macedonia, que se alió con Aníbal. Roma no tenía intención de expandirse a Macedonia, pero tenían que mantener ocupado a Filipo V en un frente mientras luchaban con Cartago en lo que consideraban el frente principal. Roma no podía arriesgarse a que Felipe V enviara refuerzos a Aníbal, ya que eso le permitiría conquistar la ciudad misma. Roma estaba bajo asedio, pero aguantó, y aunque Aníbal le suplicó a Cartago que enviara ayuda, el ejército nunca llegó, y tuvo que confiar en su capacidad política para separar a Roma de sus aliados. Pero aparte de algunas ciudades-estado del sur, los aliados de Roma optaron por luchar junto a su asociado, suministrando a la ciudad los alimentos, recursos y soldados que tanto necesitaban.

Aníbal mantuvo sus fuerzas en Italia durante quince años, pero se sintió obligado a regresar y defender su territorio en África cuando Roma lo atacó. Aníbal sufrió una gran derrota en la batalla de Zama en 202, que marcó el final de la Segunda Guerra Púnica. Aníbal fue derrotado por el general romano Escipión el Africano, que todavía se considera uno de los más grandes comandantes militares romanos.

Durante más de cincuenta años, hubo paz entre Roma y Cartago, pero eso no significa que la guerra no haya sucedido en otros frentes. Cuando murió Filipo V de Macedonia, su heredero, Perseo de Macedonia, trató de expandir su influencia internacional, y en esto fue muy agresivo, movilizándose contra sus vecinos que eran aliados de Roma. Roma tuvo que responder, y el Senado romano declaró oficialmente la guerra a Macedonia. Fue cuando Roma llegó a la conclusión de que necesitaba una base permanente en el mundo griego.

Aníbal continuó actuando en Cartago, pero esta vez como político. Reorganizó las finanzas del estado, pagó la indemnización de guerra a Roma y luchó contra la corrupción entre sus colegas funcionarios estatales. Roma vio sus actividades como un signo de colaboración con Antíoco III del Imperio seléucida, que en ese momento era enemigo. Debido a estas acciones, Aníbal eligió el exilio voluntario en 195 para evitar ser entregado a los romanos. Se desconoce su edad exacta y la causa de su muerte, pero Aníbal nunca más volvió a Cartago.

Mientras Roma libraba guerras en Macedonia, Cartago tuvo tiempo de recuperarse, y en los cincuenta años de tiempo de paz, reorganizó su armada y pagó su deuda de guerra con Roma. Sin embargo, Roma lo veía de otra manera e hizo una serie de demandas que Cartago posiblemente no podría cumplir. Una de las demandas era demoler por completo la ciudad y reconstruirla más lejos de la costa de África. Cuando esta demanda fue rechazada, Roma declaró la Tercera Guerra Púnica contra Cartago. El comandante romano Escipión Emiliano asediaría la ciudad durante tres años. Después que lograra abrir una brecha en los muros de la ciudad, la saqueó y la quemó por completo en 146. El resto de los ciudadanos de Cartago fueron vendidos como esclavos, y los territorios restantes se conocerían como la provincia romana de África.

### Guerras Civiles

La rápida expansión de Roma hizo mella en su organización social. El corazón mismo de la República romana se vio presionado por la violencia política y los levantamientos de esclavos. Este período es conocido por algunos de los hombres más famosos de la historia, como Julio César, Cayo Mario y Lucio Cornelio Sila, por nombrar algunos.

El primer levantamiento de esclavos tuvo lugar en 135 y estuvo dirigido por Euno y Cleón. Al cónsul Publio Rupilio le tomó tres años terminar con éxito esta rebelión. Este acontecimiento llevó a varios senadores a tratar de cambiar los cimientos de la República romana y aprobar las leyes que limitarían la riqueza individual y la propiedad de los territorios. El objetivo final de estos movimientos políticos era debilitar el poder del Senado e introducir un enfoque más democrático para resolver los problemas estatales. Estas reorganizaciones tuvieron lugar en el Senado romano en el transcurso de unas pocas décadas. Algunas tuvieron éxito, otras no tanto, pero contribuyeron a la inestabilidad del núcleo de la sociedad romana, dividiendo a los senadores y cónsules que no tuvieron más remedio que reunirse alrededor de una figura prominente y actuar como su defensor.

Estallaron dos guerras sociales significativas entre los partidarios de Cayo Mario, un comandante militar muy prominente que se convertiría en cónsul, y Lucio Cornelio Sila. Sila era un líder de una facción política de Roma conocida como los *Optimates*. Su agenda era mantener intacto el poder senatorial y luchar contra las reformas sociales propuestas por la facción liderada por Cayo Mario, los Populares. Debido a la disputa sobre quién tomaría el liderazgo en la guerra contra Mitrídates VI, Sila decidió atacar al ejército liderado por Cayo Marcio Censorino. La batalla tuvo lugar en el 88 a las mismas puertas de Roma; sin embargo, de esta batalla no había mucho que hablar. Sila salió victorioso, pero sus acciones comenzarían la era de las guerras civiles donde los ejércitos de Roma lucharían entre sí. Estas guerras civiles condujeron al fin de la República romana y a la fundación del Imperio romano.

Después de tomar Roma, Sila decidió volver a la guerra con Mitrídates VI. Cayo Mario aprovechó la ausencia de Sila y se estableció nuevamente en Roma. En el año 85, Sila hizo las paces con Mitrídates y regresó a Roma. Se las arregló para superar toda resistencia del partido opositor de Cayo Mario y retomar la ciudad con su ejército. Mató a la mayoría de los partidarios de Cayo y se proclamó dictador para fortalecer la aristocracia y el Senado. Hizo una serie de reformas, renunció a la dictadura y se convirtió en cónsul por última vez antes de su muerte en 78.

Otro evento significativo que sacudió los cimientos de Roma fue el tercer levantamiento de esclavos, que duraría de 73 a 71. Estuvo dirigido por el famoso Espartaco e involucró a unos 120.000 esclavos y gladiadores fugados, incluidos los no combatientes. Al mismo tiempo, también tuvo lugar una guerra civil en Hispania, y dos destacados comandantes del partido de Sila fueron enviados a sofocarlos. Cneo Pompeyo Magno, (Pompeyo el Grande) fue enviado a Hispania, y Marco Licinio Craso fue designado para ocuparse del levantamiento de Espartaco. Ambos generales finalmente tuvieron éxito. A su regreso a Roma, unieron fuerzas e hicieron un trato con el partido Populares, que eligió a ambos generales como cónsules. Ahora tenían el poder de desmantelar la constitución de Sila.

Una serie de acontecimientos políticos, principalmente debidos a Marco Tulio Cicerón, el famoso estadista, filósofo y cónsul, el partido político Populares fue desmantelado y Pompeyo quedó sin poder en Roma. Cayo Julio César se le acercó, ofreciéndole un acuerdo político privado entre los dos y Marco Licinio Craso. Este acuerdo se conoce como el Primer Triunvirato. El acuerdo establecía que los esfuerzos de Pompeyo en Asia serían ratificados por el Senado (algo que el Senado evitaría hacer) y, a cambio, César sería elegido cónsul en 59. A Craso, el tercer miembro del Triunvirato, se le prometió un asiento senatorial en algún momento. en el futuro. Anteriormente, Craso había sido el patrón de César en todo salvo el nombre. Financió sus campañas políticas y fue su defensor más visible. También era conocido como el "hombre más rico de Roma". Sin embargo, Craso murió en la batalla de Carras durante la invasión del Imperio Parto en 53. Después de su muerte, César y Pompeyo comenzaron a separarse, y Pompeyo unió fuerzas con los opositores políticos de César.

En ese momento, César lideraba los ejércitos contra los galos, pero a su regreso a Roma, se le pidió que devolviera el ejército al estado. Si no lo hacía, no se le permitiría permanecer otro período como cónsul. Pero este acto dejaría a César indefenso, por lo que eligió la guerra civil antes que renunciar a su comando militar. La guerra civil de César comenzó en 49 cuando el Senado lo proclamó enemigo del estado, y los senadores trabajaron estrechamente con su antiguo amigo Pompeyo para derribarlo. Pompeyo recibió poderes dictatoriales del Senado para poder moverse contra César libremente, pero su ejército era joven y aún no había sido probado.

El 10 de enero, el ejército de César, formado por veteranos, cruzó el río Rubicón, que representaba la frontera legal de la Italia romana. Al cruzar esta frontera natural, César infringió directamente la ley romana que establecía que no se permitía ningún ejército más allá del Rubicón. Llegó a Roma sin enfrentar grandes desafíos, y su rápido progreso hizo que Pompeyo y la mayoría del Senado huyeran de Roma y encontraran refugio en Grecia. César persiguió a Pompeyo, pero inicialmente fue derrotado, solo para salir victorioso en la Batalla de Farsalia en 48. Pompeyo tuvo que huir nuevamente, esta vez a Egipto, donde fue asesinado por los asesores del rey Ptolomeo XIII en 48.

La muerte de Pompeyo no puso fin a la guerra civil, ya que sus partidarios continuaron luchando contra César. Sin embargo, finalmente, César salió victorioso y derrotó a las fuerzas pompeyanas en la batalla de Munda en 45. Finalmente, se restableció el orden y terminó la guerra civil. César se apoderó de la dictadura y el tribunado, lo que le dio el poder de vetar al Senado. César era la figura más importante en Roma, y su poder llegó lejos, influyendo tanto en enemigos como en aliados. Sus oponentes políticos temían que estuviera destruyendo la república y que era solo cuestión de tiempo hasta que se coronara a sí mismo como emperador. César no tenía intención de convertirse en emperador por título y rechazó oficialmente una diadema durante las celebraciones de una de las fiestas Lupercales. Se considera que la ofrenda de la diadema al César y su negativa se organizaron para apaciguar al pueblo de Roma. En ese momento, César continuaba su relación con Cleopatra VII, la reina de Egipto, que estaba visitando Roma con su hijo, Cesarión.

Julio César fue asesinado el 15 de marzo de 44. El asesinato fue organizado por docenas de senadores, dirigidos por Cayo Casio y Marco Bruto. Cada persona involucrada tenía varias razones políticas, económicas o personales para deshacerse de César, pero todos se reunieron en torno al temor común del regreso de la monarquía si permitían que César continuara teniendo tanto poder. Todos los conspiradores tuvieron que huir de Roma debido a la amenaza de represalias por los partidarios de César. Siguió una nueva guerra civil, que destruyó lo que quedaba de la República romana y allanó el camino para el Imperio Romano.

Marco Antonio, el teniente de César, y Cayo Octavio, hijo adoptivo y heredero de César, unieron fuerzas y lucharon contra Bruto y Casio, los dos últimos se suicidaron después de su derrota. Junto con Marco Emilio Lépido, el antiguo aliado de César, Octavio y Marco Antonio formaron el Segundo Triunvirato en 43. Compartirían todos los poderes que tenía César, continuando la tradición de tener un Senado impotente. Esta alianza no duró mucho ya que Octavio era demasiado ambicioso y se volvió contra sus aliados, comenzando una nueva guerra civil. En la batalla de Accio en el 31, Octavio derrotó a Marco Antonio, que se había aliado con Cleopatra. Para deshacerse de cualquier posible amenaza a su trono, asesinó al hijo de Cleopatra y César, Cesarión, pero salvó a los hijos que tuvo con Marco Antonio. Con esta victoria, Octavio obtuvo los poderes de un emperador dentro de la ciudad de Roma. Poco después, se le dio el título de Augusto, que simbolizaba su elevada posición sobre todos los romanos. Se convirtió en el primer emperador del nuevo Imperio romano, que, teniendo en cuenta al Imperio romano del Este, duraría hasta 1453.

# Conclusión – El Fin de una Era

El comienzo del fin de la era helenística se produjo por la intervención del imperio romano. La contribución más grande a la invasión romana fue probablemente la alianza de Filipo V con Aníbal. Ese acto demostró a los romanos que las dinastías macedonias tenían demasiado poder y el potencial de amenazar a la república. Como resultado, se implementó una nueva política de debilitamiento del estado de los monarcas y las relaciones entre estados y ciudades.

La influencia de Roma causó un cierto caos e incertidumbre dentro de los estados helenísticos, y casi de inmediato comenzaron décadas de conspiración y lucha entre ellos. Durante generaciones, las familias macedonias conspiraron unas contra otras y contra sí mismas, debilitando significativamente su posición al perder el apoyo de su propia gente. La corrupción y la codicia fueron suficientes para mostrar a los ciudadanos del mundo helenístico que necesitaban un nuevo protector. Roma parecía ser la única alternativa.

Las civilizaciones griegas se integraron lentamente dentro de la República romana, y su posición se solidificó al final de la guerra civil romana. Los ataques decisivos que borraron los restos de las antiguas dinastías macedonias tuvieron lugar en el año 31 cuando Octaviano derrotó a Marco Antonio y sus fuerzas ptolomeicas, lo que condujo a la captura de Octaviano de Alejandría y el posterior suicidio de Cleopatra VII en el 30, ya que había preferido morir antes que la exhibieran como un premio para que Octaviano se promocionara a través de las tierras. Con esta muerte, terminó la era helenística. Sin embargo, su memoria y espíritu serían llevados a través de los siglos por el nuevo sistema imperial romano.

# Referencias

Austin, M. M. (2011). *El Mundo Helenístico desde Alejandro hasta la Conquista Romana: Una Selección de Fuentes Antiguas en la Ttraducción.* Cambridge University Press.

Bennett, B., y Roberts, M. (2008). *Las Guerras de los Sucesores de Alejandro, 323-281 a. C.* Barnsley, Inglaterra: Pen & Sword Military.

Cary, M. (1978). *Una Historia del Mundo Griego: de 323 a 146 a. C.* LONDRES: METHUEN.

Green, P. (2008). *De Alejandro a Accio: La Evolución Histórica de la Era Helenística.* Berkeley, CA: Univ. de California Press.

Kralli, I. (2017). *El Peloponeso Helenístico: Relaciones Interestatales: una Historia Narrativa y Analítica, 371-146 a. C*Swansea: La Prensa Clásica de Gales.

Thonemann, P. J. (2016). *La Era Helenística.* Oxford: Oxford University Press.

Walbank, F. W. (1992). *El Mundo Helenístico.* London: Fontana Press.

Vea más libros escritos por Captivating History

www.ingramcontent.com/pod-product-compliance
Lightning Source LLC
LaVergne TN
LVHW041641060526
838200LV00040B/1659